D1719292

Felix Josef | Herbert Kling | Christina Matzka
Einfach Marktforschung

Impressum:
ISBN: 978-3-903113-15-2
2017 echomedia buchverlag/echo medienhaus ges.m.b.h.
Media Quarter Marx 3.2
A-1030 Wien, Maria-Jacobi-Gasse 1

Produktion: Ilse Helmreich
Grafik: Elisabeth Waidhofer
Lektorat: Tatjana Zimbelius
Projektleitung: Feuereifer Media Relations GmbH www.feuereifer.at
Coverfoto: iStock by Getty Images
Herstellungsort: Wien

Besuchen Sie uns im Internet:
www.echomedia-buch.at

Felix Josef I Herbert Kling I Christina Matzka

Einfach Marktforschung

77 Antworten.
Denn es kommt auf die Fragen an.

Inhaltsverzeichnis

Vorwort Walter Zinggl (IP Österreich)   9
Vorwort Gabriele Stanek (ÖMG)   12
Einleitung   16

Grundlagen   **19**
1 Was ist Marktforschung und warum brauche ich sie?   19
2 Wie funktioniert Marktforschung?   20
3 Was können Marktforscher, was zeichnet sie aus?   24
4 Was kann man mit Marktforschung wirklich
   erheben und wo liegen ihre Grenzen?   24
5 Für wen ist Marktforschung wirklich wichtig?   27
6 Warum muss man Marktforschung von Profis
   machen lassen?   28
7 Wo liegen die Schwierigkeiten der Marktforschung?   29
8 Was kostet Marktforschung?   31
9 Ab welcher Unternehmensgröße ist Marktforschung
   sinnvoll und bezahlbar?   33
10 Woran erkenne ich als Befragter
   ein seriöses Marktforschungsinstitut?   34
11 Wie kommt das Institut zu meiner Telefonnummer?   34
12 Wo liegt das Mindestalter der Befragten?   35
13 Tracking-Studien: Was sind Längsschnittuntersuchungen
   und wie funktionieren sie?   36
14 Dürfen die Ergebnisse vom Marktforschungsinstitut
   weiterverwendet werden?   37
15 Was ist eine Stichprobe?   37
16 Was ist Signifikanz und Schwankungsbreite?   38
17 Sind 50 Befragte für quantitative Erhebungen
   wirklich genug?   39

Zielgruppe und Sampling   **41**
18 Wie finde ich die richtige Zielgruppe?   41
19 Wie kommt ein Marktforschungsinstitut
   zu den Probanden?   49

20 Was ist Repräsentativität? 52

21 Wie viele Interviews braucht man für eine
repräsentative Stichprobe? 54

22 Repräsentativität in der Marktforschung:
Ist das überhaupt möglich? 55

23 Warum ist Repräsentativität wichtig? 56

24 Was ist unter Schwankungsbreite zu verstehen? 57

25 Woran erkenne ich eine gute Stichprobe? 60

26 Wann ist Convenience-Sampling
die Sampling-Methode erster Wahl? 63

27 Wie werden die Teilnehmer einer Gruppendiskussion
ausgewählt? 65

28 Befragungszeitpunkt und Befragungszeitraum:
Wann und wie lange soll befragt werden? 68

29 Wie viel Zeit muss ich für die Erstellung
einer Studie einplanen? 69

Methoden **70**

30 Wie komme ich zur richtigen Studie? 70

31 Welche Marktforschungsstrategien gibt es? 71

32 Klassische Methoden der Markt- und
Meinungsforschung: Was sind die Vor- und Nachteile? 73

33 Qualitativ vs. quantitativ: Was ist der
richtige Ansatz für welche Fragestellung? 76

34 Der Wert der qualitativen Forschung:
Warum können uns auch wenige Interviews
wertvolle Informationen liefern? 79

35 Wann wird ein Methodenmix verwendet? 80

36 Wofür ist ein Omnibus geeignet? 81

37 Wozu Marktforscher? Warum kann man
1.000 Menschen nicht selbst befragen und was
macht die Erstellung eines Online-Panels zur Kunst? 82

38 Wann wird eine Telefonbefragung gemacht? 85

39 Gehört der Online-Marktforschung die Zukunft? 86

Fragebogen und Fragestellung   **88**

40 Wie werden Fragebögen erstellt?   88

41 Wie lautet die ideale Fragestellung?   91

42 Gerade vs. ungerade: Welche Skala ist die richtige?   97

43 Ungestützte (spontane) vs. gestützte Bekanntheit:
    Was ist der Unterschied?   99

44 Wie intensiv werden Projektleiter und
    Interviewer gebrieft?   101

45 Wie lange darf eine Imagebatterie sein?   103

46 Wie viel Umfrage verträgt der Mensch?   104

47 Wie wichtig ist die Anonymität bei Umfragen?   107

48 Gibt es Themen oder Gebiete,
    die nicht abgefragt werden können?   109

49 Wie zuverlässig sind die Antworten der Probanden?   110

Analysen und Reporting   **111**

50 Welche Analysemöglichkeiten gibt es und
    was können diese?   111

51 Wie viel Bericht verträgt der Vorstand?   119

52 Was erwarte ich vom Umfrageinstitut?
    Was muss definiert werden?   121

53 Was ist eine Hochrechnung und
    wie sicher sind Ergebnisse?   124

Manipulation   **132**

54 Wie kann bei der Marktforschung manipuliert werden? 132

55 Wie stellt man manipulative Fragen?   133

56 Was sind manipulative Befragungsunterlagen?   135

57 Wie manipulativ wirkt der Zeitpunkt?   136

58 Wie wird mit der Stichprobe manipuliert?   137

59 Was ist Convenience-Sampling und
    welche Risiken stecken in dieser Sampling-Form?   138

60 Wie kann man Manipulationsfehler
in der Interpretation vermeiden? 140

61 Wie manipulativ sind Diagramme und Charts? 141

62 Woran erkenne ich ein seriöses Umfrageinstitut? 145

Forschungsinhalte und Tools **147**

63 Welchen Platz hat Virtual Reality
in der Marktforschung? 147

64 Welche Möglichkeiten bietet Big Data
und welche Gefahren resultieren daraus? 148

65 Warum braucht es für die Ergebnisinterpretation
von Big Data nicht nur Techniker, sondern auch
(und vor allem) Sozialwissenschaftler? 152

66 Wie sicher ist der Umgang mit Daten
in der Marktforschung? 153

67 Was sind lernende Systeme? 155

68 Wo liegt der Unterschied zwischen
Korrelation und Kausalität? 156

69 Wie wichtig ist Pattern-Recognition
in der Marktforschung? 157

70 Was kommt durch die Globalisierung
auf die Marktforschung zu? 158

71 Warum ist die Emotionsmessung
eine Antwort der Zukunft? 159

72 Was ist Brainscan-Messung und wie kann
man diese in der Marktforschung einsetzen? 164

73 Was kann der Marktforscher aus dem
Herzschlag und der Hautspannung lesen? 164

74 Sind die Augen wirklich der Spiegel der Seele? 166

75 Warum ist messen nicht immer besser als fragen? 167

76 Wie lässt sich die Kundenzufriedenheit
testen und messen? 168

77 Warum sollte man die Mitarbeiter befragen? 171

Walter Zinggl
Geschäftsführer IP Österreich

Zum Geleit

Als Vermarkter der Mediengruppe RTL, RTL II, Sky Sport Austria und R9 ist die Marktforschung die Basis unserer täglichen Arbeit. Umso mehr freuen wir uns, dass wir auch in diesem Jahr die Buchreihe der ÖMG unterstützen dürfen.

Auf die Marktforschung stützt sich unser gesamtes Geschäft. Die Daten des Teletest liefern uns täglich für die werberelevanten Zielgruppen die Reichweiten und Marktanteile der von uns vermarkteten Formate. Mit Hilfe der unterschiedlichen Methoden und Tools der Marktforschung bekommen wir wichtige Informationen zu unseren Sendern, deren Image und Standing im Markt. Marktforscherische Studien geben Aufschluss über die Mediennutzung und ermöglichen es uns, auf den sich verändernden Markt zu reagieren.

Der IP Österreich liegt die Marktforschung und deren Möglichkeiten so sehr am Herzen, dass wir unseren Kunden seit 2015 eine eigene Forschungs-App anbieten können, die ganz neue Maßstäbe in der Methodik setzt. Mit der „I love MyMedia"-App können zeit- und ortsunabhängige Erhebungen nah am Konsumenten durchgeführt werden. Durch eine Mitteilung (Push-Notification oder E-Mail) werden die Panel-Teilnehmer über eine neue Umfrage informiert. Innerhalb der App können Fragen bequem und schnell beantwortet werden. Dadurch, dass die Befragungen in Echtzeit möglich sind, garantiert „I love MyMedia" eine zeitnahe Auswertung der Ergebnisse. Auch Location-based Research über Beacons oder Tracking-Studien sind mit der „I love MyMedia"-App möglich.

Mit der App reagieren wir auf die gestiegenen Anforderungen an die Marktforschung. Die Gesellschaft wird immer schnelllebiger, die Menschen mit ihren Bedürfnissen und Wünschen werden immer individueller und sprunghafter. Daher braucht es Tools, die eine einfache und spielerische Form der Befragung bieten und schnell

Ergebnisse liefern. In Zukunft werden Echtzeitergebnisse immer relevanter werden. Wichtig ist das, was der Befragte im Moment in einer bestimmten Situation, in einer bestimmten Umgebung erlebt und nicht mehr das, was er in der Vergangenheit erlebt hat.

Marktforschung wird für die IP Österreich immer eine bedeutende Rolle spielen. Wir hoffen das Buch macht auch Ihnen Lust auf die Welt der Daten.

W. Zinggl
GF IP Österreich

Gabriele Stanek
Vizepräsidentin ÖMG

Die ÖMG und die Marketing-Buchreihe

Die einen schwören auf Marktforschung. Sie sammeln Zahlen, Daten, Fakten über Menschen, Märkte, Produkte, Mitbewerber etc., um möglichst punktgenau Marketingstrategien anzuwenden; oder um ihre Marketingentscheidungen zumindest auf einem informationsbasierenden Fundament zu treffen.

Die anderen lehnen Marktforschung schlichtweg ab, entscheiden nach dem Bauch, handeln intuitiv und sind manchmal doch erfolgreicher als die Analysten.

Und die Dritten verwechseln Markt- mit Meinungsforschung und sind erstaunt, wenn die geäußerte Meinung des repräsentativen Querschnitts vom tatsächlichen Verhalten bzw. Handeln (= Kaufen oder Wählen) mehr oder weniger stark abweicht.

Methoden und Anwendungsbereiche sind bunt und vielfältig wie die Branche selbst: Untersuchungen werden persönlich, schriftlich, telefonisch oder online-basiert durchgeführt, Daten werden in Stichproben erhoben oder als Langzeituntersuchung angelegt, Probanden können einzeln bei Experimenten beobachtet oder in Fokusgruppen analysiert werden.

Doch im Grund steht und fällt eine valide Untersuchung mit der Erkenntnis, was genau man untersuchen möchte und welche Konsequenzen man bereit ist aus den Ergebnissen zu ziehen, die am Ende herausgekommen sind.

Aus diesem Grund ist das aktuelle Buch der Österreichischen Marketing Gesellschaft dem Thema Marktforschung gewidmet oder besser gesagt, 77 Antworten auf Fragen, die die Ansätze, Methoden und Gesetzmäßigkeiten von Marktforschung leicht und einprägsam verständlich machen sollen.

Insofern folgt dieses Buch dem Anspruch aller bisher in der ÖMG-Buchreihe erschienenen Werke: komplexe Inhalte auf überraschende, klare, manchmal experimentelle oder unterhaltsame Weise zu vermitteln.

Dr. Gabriele Stanek
Vizepräsidentin der ÖMG

In der ÖMG-Buchreihe bisher erschienen:

2005 Erfolgsfaktoren für Zentral- und Osteuropa
Gabriele Tomasitz-Möseneder und Reinhard Klackl

2006 Storytelling und Marketing
Christian Spath und Bernhard G. Foerg

2007 Mythen von Arbeit und Altern
Renate Böhm und Birgit Buchinger

2008 Marketing 2:0 –
Das Spiel mit dem Marketingwissen
Manfred della Schiava

2009 Design im Marketing – Mittel zum Zweck
Rudolf Greger

2010 Effectuation –
Unternehmergeist denkt anders!
Marcus Ambrosch

2011 Im Zeichen der Krise. Nachhaltigkeit zwischen
Authentizität und Verstellung
Andrea Stoidl und Bernhard Pruckner-Fragner

2012 Guerilla Marketing.
Unkonventionell – überraschend – effektiv
Tomas Veres Ruzicka

2013 Schachmatt dem Firmentod.
Wie Sie durch Employer Branding
Ihr Unternehmen leistungsfähiger machen
Christian Reitterer

2014 The Sunset of Digital Marketing –
Ideen über alles!
Klement Cabana

2015 PR hält, was Marketing verspricht
Sigrid Krupica

2016 Andreas Holzinger und
das Geheimnis des Marketings
Jürgen Polterauer

Wer nicht fragt,
der nicht gewinnt

Ein großes US-Unternehmen brachte in den Neunzigerjahren eine farblose Flüssigkeit in einer Sprühflasche auf den Markt, die lästige Gerüche in der Wohnung eliminieren sollte. In einem der ersten Werbespots sah man eine Dame mit ihrem Hund auf der Couch den schönen Spruch aufsagen: „Sophie wird immer wie Sophie riechen, meine Möbel müssen das nun nicht mehr." Psychologisch war der Spot top, und trotzdem floppte der Raumduft. Erst nachdem Millionen Dollar in eine Marketingkampagne geflossen sind, wurden Marktforscher engagiert, und sie fanden die Ursache: Haustierbesitzer und Raucher nehmen den Geruch nicht wahr, den der Raumduft vertreiben sollte. Aber es stellte sich auch heraus, dass Menschen den Luftauffrischer gerne als rituellen Abschluss ihrer Putzaktivitäten verwenden. Der Werbespot wurde modifiziert, und fortan sah man Frauen, die den Hausputz in supersauberen Räumen mit einem kleinen rituellen Sprüher beendeten. Damit wurde das Produkt zum Blockbuster im Segment Haushaltsreiniger.

Dies ist nur eines von vielen Beispielen, die zeigen, dass Marktforschung aus einem Flop-Produkt mit der richtigen Ansprache einen Megaseller machen kann. Doch heute wird oft bei der Marktforschung gespart. Lieber steckt man Millionen in eine Produktentwicklung sowie teure Marketingkampagnen, und erst dann, wenn der Plan nicht aufgeht, wird bei den Kunden nachgefragt. Viel sinnvoller wäre es doch, eine Produktidee und die Marketingkampagne erst von Marktforschern testen zu lassen, bevor man großes Geld in neue Projekte investiert. In der Marktforschung hat sich in den letzten Jahren sehr viel getan. Vorbei sind die Zeiten, in denen hunderte Studenten Telefonbefragungen machten oder einfache Online-Fragebögen via E-Mail in die Runde geschickt wurden. Mit neuen Umfragemethoden lassen sich selbst die Emotionen der Kunden zu Produkten, Marken oder Parteien messen. Sogar die Emotionen, die Werbespots auslösen sollen, können mit den neuen Tools auf die Zehntelsekunde genau auf die Konsumenten zugeschnitten werden.

Um Ihnen einen Überblick zu geben, was Marktforschung leisten kann, wie sie funktioniert und welche Möglichkeiten sich durch neue Themen wie Big Data auftun, haben wir uns entschlossen dieses Buch zu schreiben. Es richtet sich bewusst nicht an Marktforscher und Experten, sondern an Praktiker aus Unternehmen und Agenturen, die immer wieder mit dem Thema Marktforschung konfrontiert sind. Diese 77 Fragen, die die Basis der vorliegenden Marktforschungsfibel bilden, begegnen uns täglich in Kundengesprächen, und deshalb erschien es uns wichtig, diese auch im Rahmen eines Buches zu beantworten. Wir hoffen, uns ist das gelungen.

Wir wünschen Ihnen viel Spaß beim Lesen!
Felix Josef, Herbert Kling und Christina Matzka

Grundlagen

 ## Was ist Marktforschung und warum brauche ich sie?

Marktforschung ist das systematische Sammeln und Erheben von Daten, Meinungen und Einstellungen zu einem bestimmten Thema mit anschließender Analyse und Interpretation. Durch den systematischen Ablauf mit einer dahinterliegenden Stichprobenmethode ist das Ergebnis auf eine Grundgesamtheit hochrechenbar. Mit den Ergebnissen der Marktforschung kann der Markt beeinflusst werden, denn oft bilden Marktforschungsstudien die Grundlage von wichtigen Unternehmensentscheidungen. Auftraggeber wollen zumeist wissen, wie sie ihr Produkt, ihr Unternehmen, ihre Marke oder ihre Kandidaten besser auf dem Markt positionieren können. Die Marktforschung ist durch Informationen das Bindeglied zwischen Kunde/Konsument und Anbieter. Sie liefert also Informationen, die zur Identifizierung von Marketingchancen und Herausforderungen benutzt werden können. Auch zur Entwicklung, Modifizierung und Überprüfung von Marketingmaßnahmen kann die Marktforschung herangezogen werden. Warum brauche ich Marktforschung? Weil Informationen über die Märkte und deren Entwicklung von wachsender Bedeutung sind. Die Verflechtungen nationaler und internationaler Märkte werden enger, und das Konsumentenverhalten wird differenzierter. Darum wird jeder, der sein Produkt oder sein Unternehmen weiterbringen will, Marktforschung brauchen. Ziel ist, Produkte zu optimieren, neue Märkte zu finden oder das Image zu verbessern. Im Mittelpunkt steht der Wunsch, bessere Geschäfte zu machen, indem man den Kundenwunsch besser kennt.

 ## Wie funktioniert Marktforschung?

Jedes Marktforschungsprojekt besteht aus verschiedenen Phasen, die mit dem Kunden genau abgestimmt sein müssen, um das optimale Ergebnis zu erzielen. Zudem bestimmt nicht das optimale Studiendesign die Vorgangsweise, sondern die finanziellen oder auch zeitlichen Vorgaben definieren meist den Rahmen. Grundsätzlich gilt: Jedes Projekt ist anders, und deshalb ist viel Flexibilität und Fantasie gefragt. Dabei gliedern sich Marktforschungsprojekte in folgende Phasen:

a) Briefing – Definition des Informationsbedarfs

Im Briefing wird das Forschungsziel und der genaue Informationsbedarf festgelegt. Das „optimale" Studiendesign (Methode, Fragebogen, Zielgruppe, Stichprobe) wird fixiert. Im Briefing wird auch geklärt, ob es bereits Hypothesen gibt, aus welchen Forschungsziele abgeleitet werden können und der Informationsbedarf festgelegt werden kann. Auch die Zielgruppen werden im Briefing ermittelt: Wer sind die korrekten Zielpersonen bzw. über wen möchte ich etwas erfahren? Welche Personen können etwas zur Überprüfung der Hypothese beitragen? Wie ist die Zielgruppe optimal zu erreichen?

b) Festlegung der Kosten

Über die Art und den Umfang der Studie entscheidet nicht zuletzt auch das zur Verfügung stehende Budget. Daher gilt es das Projekt nach den Parametern des Kunden zu budgetieren. Dabei fallen folgende Kosten im Rahmen einer Marktforschungsstudie an:

FIXKOSTEN: Hierzu werden die Kosten für die Erstellung und Programmierung des Fragebogens gerechnet. Aber auch die Stichprobenziehung, Auswertung, Berichtslegung und Präsentation werden meist in den Fixkosten ausgewiesen.

VARIABLE KOSTEN: Nachträgliche Optimierung der Zielgruppendefinition oder auch Spesen bei der Organisation von Interviews und Reisekosten fallen in den variablen Kostenblock.

Seriöse Marktforschungsinstitute klären Kunden schon im Vorfeld über mögliche Kosten auf, und unerwartete Positionen werden erst nach Rücksprache mit dem Kunden getätigt.

c) Zeitrahmen, zeitliche Vorgaben

Für die Planung einer Marktforschungsstudie muss geklärt werden, auf welche zeitlichen Rahmenbedingungen Rücksicht genommen werden muss: Wann soll ein zu testender Werbespot „on air" sein? Wann braucht die Druckerei die Freigabe für Anzeigensujets? Gibt es eine Vorstandssitzung, für die die Ergebnisse vorliegen müssen? Zudem können auch Ferienzeiten, Feiertage (Punschnebel in Fußgängerzonen vor Weihnachten sind für Befragungen nicht hilfreich) oder Tourismussaisonen Einfluss auf Befragungen haben. Auch das sollte im Vorfeld mit dem Kunden diskutiert werden.

d) Fixierung des „optimalen" Studiendesigns

Erst nachdem die Punkte a bis c geklärt sind, kann das Studiendesign festgelegt werden. Jetzt wird die jeweils passende Methode ausgewählt, ein Fragebogen erstellt, die Zielgruppe definiert und die Stichprobengröße festgelegt.

e) Umsetzung und Feldarbeit

Nun müssen Daten durch Befragung und Beobachtung gesammelt werden. Hierbei gilt es folgende Punkte zu berücksichtigen:

HERKUNFT BESTEHENDER DATEN
    (SEKUNDÄRDATEN): Es werden Bestandsdaten auf Seriosität, Qualität und Aktualität überprüft.

FELDFORSCHUNG (PRIMÄRDATEN): Hierbei wird versucht, den Informationsbedarf im Rahmen der Marktforschung durch eigens am Markt durchgeführte Untersuchungen und Erhebungen zu decken. Man unterscheidet hier zwischen Befragung, Panelbefragung, Beobachtung und Experiment.

f) Auswertung und Analyse

Auf Basis der nun vorliegenden Daten werden mit statistischen Methoden Daten strukturiert, analysiert und interpretiert. Die große Kunst der Marktforscher besteht heute darin, aus der oft bereits vorliegenden Fülle von Daten auf Basis empirischer Methoden die richtigen Schlüsse zu ziehen. War noch vor 15 bis 20 Jahren die Datenerhebung das Hauptproblem der Marktforscher, so gibt es heute aufgrund der Digitalisierung eine Fülle von Daten, die aber in den richtigen Kontext gestellt werden müssen.

g) Berichtslegung, Dokumentation und Interpretation

Die Ergebnisse werden in Tabellen, Grafiken oder in einem kurzen Text zusammengefasst, wobei auch hier eine saubere Ausarbeitung für den Kunden wichtig ist. Gerade Vorstände oder Pressevertreter sind keine ausgebildeten Marktforscher, demnach muss ihnen umso eindeutiger vor Augen geführt werden, was bestimmte Ergebnisse bedeuten.

Was können Marktforscher, was zeichnet sie aus?

Es ist wichtig, sich völlig objektiv und unvoreingenommen dem gestellten Thema zu widmen. Zu große Nähe zu einem Thema beziehungsweise einem Produkt kann Studien beeinflussen, und das gilt es zu vermeiden.

Um das Studienziel zu erreichen, also den Informationsbedarf erfüllen zu können, werden die Fragen vom Marktforscher formuliert. Der Marktforscher hat schon einen Pool an Fragestellungen und Themen in seinem Repertoire und weiß, mit welchen Fragen er welchen Informationsbedarf beantworten kann. Ein wesentlicher Aspekt dabei ist die jahrelange Erfahrung der Marktforscher im Formulieren von Fragen sowie dem Auswerten und Interpretieren des Materials.

 ### Was kann man mit Marktforschung wirklich erheben und wo liegen ihre Grenzen?

Man kann mit Marktforschung eigentlich fast alles erheben. Durch die Möglichkeiten der Online-Marktforschung oder der weiterführenden Tools der Virtual Reality und Augmented Reality, mit denen man Befragte, z. B. mit einer Virtual-Reality-Brille, in Einkaufssituationen versetzt, kann mittlerweile nahezu jede derartige Fragestellung beantwortet werden. Die meisten Aspekte, die für eine Marketingentscheidung relevant sind, sind heute auch durch technische Applikationen mess- und erhebbar geworden. Man kann die Einstellung zu einem Unternehmen, die Gefälligkeit eines Produktes und von Werbung, die Einstellung zu bestimmten gesellschaftlichen Themen, die Meinung zu politischen Parteien, Wahlverhalten zu einem bestimmten Zeitpunkt, Images von Unternehmen oder Universitäten sowie die Meinung über andere Länder aber auch traditionell durch Befragungen erfassen.

Wo liegen die Grenzen der Marktforschung?

Die Marktforschung stößt dann an ihre Grenzen, wenn es um tabuisierte Themen geht. Wenn die Art der Frage sehr stark moralisch und/oder gesellschaftlich behaftet ist, dann ist das Fragethema tabu und sollte nicht erhoben werden. Das kann natürlich je nach Region und gesellschaftlichem Klima sehr unterschiedlich sein. Der Befragte hat grundsätzlich immer die Chance sich zu entscheiden, ob er die Fragen beantworten will oder nicht. Er muss nicht antworten, wenn die Frage ein für ihn heikles Thema berührt.

BEISPIEL: Wenn ein Kondomhersteller XY eine Umfrage zum Sexualverhalten durchführen möchte, kann man natürlich Fragen stellen wie: Wie oft verwenden Sie Kondome? Kennen Sie die Firma XY? Damit hat kein Institut ein Problem, viele Befragte aber schon. Befragungen, die z. B. das Sexualverhalten zum Thema haben, sind somit auch eine Methodenfrage, aber grundsätzlich muss man sich dabei immer klar sein, dass die Befragten nicht immer die Wahrheit sagen werden.

Auch bei Fragen, die konkrete Vorschläge von den Probanden erfordern, bei denen Ideen oder Anregungen verlangt werden oder die Kreativität fordern, stößt man in der Marktforschung an Grenzen. Hier gilt der Spruch von Henry Ford: „Hätte ich die Menschen gefragt, was sie wollen, hätten sie gesagt: schnellere Pferde." Ein weiteres Problemfeld sind auch „sozial erwünschte" und „sozial unerwünschte Antworten". Es wird kaum ehrliche Antworten auf Fragen wie die folgenden geben: Schlagen Sie Ihre Kinder? Haben Sie schon einmal etwas gestohlen? Duschen Sie regelmäßig?

BEISPIEL: Eine Studie einer transnationalen Non-Profit-Organisation, die sich mit dem Drogenkonsum beschäftigt, erhebt mit folgenden Fragen das Drogenkonsumverhalten: „Ich nenne jetzt eine Reihe von Drogen, und Sie sagen mir bitte, welche davon Sie konsumieren, wie häufig und wann zuletzt." Das beginnt mit Haschisch, geht über Opiate und endet mit Crack. Diese Studie weist in Europa und in den USA im Laufe der letzten dreißig Jahre einen geradezu exponentiellen Anstieg des Haschischkonsums nach. Doch in Wirklichkeit misst diese Studie nicht das Drogenverhalten im Wandel der Zeit, sondern eine Mischung aus geändertem Konsumverhalten und geänderter gesellschaftlicher Legitimität. Wenn man in den 1950er Jahren zugegeben hat Haschisch zu konsumieren, musste man eine Gefängnisstrafe fürchten. Mittlerweile droht nur mehr eine Ermahnung oder der Konsum ist überhaupt straffrei, und daher wird der Konsum weicher Drogen wie Haschisch oder Marihuana auch zugegeben. Doch die Studie sagt nichts darüber aus, ob vor 30 Jahren mehr oder weniger Drogen konsumiert wurden.

Für wen ist Marktforschung wirklich wichtig?

Im Prinzip herrscht die Meinung vor, dass vor allem für größere Unternehmen ab 100 Mitarbeitern die Marktforschung wichtig ist. Tatsächlich kann aber jedes Unternehmen Marktforschung brauchen, um seine Kundinnen und Kunden kennenzulernen, um seine Produkte zu optimieren, die richtigen Marketing- und Vertriebskanäle herauszufinden oder PR in eigener Sache zu machen. Es gibt keinen Unternehmenszweig und keine Branche, für die Marktforschung nicht relevant wäre. Auch ein Unternehmen, das vor allem Stammkunden hat, kann an Erweiterung denken und möchte eine neue Zielgruppe für sich gewinnen. Dann wird Marktforschung plötzlich relevant. Die Frage ist auch, wie langfristig jemand denkt, denn auch Stammkunden können abhandenkommen (langfristig tun sie das mit Sicherheit).

Leider sind Marktforschung und Werbung die ersten Budgetposten, die in einer wirtschaftlichen Rezession gestrichen werden. Doch gerade in dieser Phase müsste der Markt bearbeitet werden. Dazu braucht es im ersten Schritt die Marktforschung, damit man weiß, wie man in Zukunft vorgehen muss. Oder auch, wie sich der Markt verändert hat. Marktforschung ist ein wichtiges Tool, um den Markt objektiv zu sehen, denn es gibt immer Segmente, die man noch nicht erreicht hat. Zu keinem Zeitpunkt sind Marktanteile so billig zu haben wie in einer Krise, wenn alle ihre Marketingbudgets kürzen.

Unternehmen, die Marktforschung betreiben, tun dies auch regelmäßig. Es passiert kaum, dass jemand Marktforschung macht und dann zehn Jahre damit aussetzt.

 ## Warum muss man Marktforschung von Profis machen lassen?

Die Wahrscheinlichkeit, ehrliche Antworten von einem Kunden zu bekommen, ist wesentlich höher, wenn das Unternehmen nicht selbst danach fragt, sondern wenn über ein unabhängiges, neutrales Institut abgefragt wird. Es ist zwar ein guter Ansatz die eigenen Kunden zu befragen, aber es ist nicht ausreichend. Grund: Das Unternehmen selbst kann sich nicht in der Schicht der potenziellen Kundengruppen bewegen, weil die Kontakte und die Daten fehlen. Das Unternehmen selbst kennt nur den Blickwinkel von Menschen, die bereits Kunden sind. Mögliche Fehler, Mängel oder auch Alternativen im Vertrieb bleiben damit unentdeckt, wenn man sich nur auf die vorhandenen Kunden konzentriert. In sehr vielen Fällen braucht es eine Zielgruppe, die über den vorhandenen Kundenkreis hinausgeht und diese potenzielle Zielgruppe mit beinhaltet. Dabei stellt sich die Frage: Wie ziehe ich eine Stichprobe, die die Grundgesamtheit abbildet? Wenn ich Autohändler bin, sind das die Autofahrer Österreichs, oder wenn ich Katzenfutterhersteller bin, die Katzenbesitzer Österreichs; oder die Wahlberechtigten, wenn ich eine Partei bin. Wahrscheinlich schafft es ein Unternehmen selbst nicht, dieses Sample in einer ausreichend quantifizierbaren Menge abzubilden. Marktforschung ist auch Handwerk. Meine Gasleitung lasse ich nicht vom Pfuscher verlegen, und meine Knieoperation möchte ich nicht von der angelernten Krankenschwester durchführen lassen. Warum sollte jemand etwas von Empirie verstehen, der das nicht gelernt hat?

Wo liegen die Schwierigkeiten der Marktforschung?

Unzufriedenheit und Schwierigkeiten entstehen dann, wenn nicht klar definiert ist, was der Kunde wann zu erwarten hat. Es ist (fast) alles machbar, man muss nur im Vorfeld darüber reden (und dabei die entsprechend kompetenten Gesprächspartner haben), alles definieren, und es muss ein Preis dafür vereinbart werden.

Hier die wichtigsten Punkte, die man klären sollte, damit es nicht zu Missverständnissen kommt:

Briefing: Der Kunde und das Institut müssen schon in der Angebotsphase deckungsgleiche Vorstellungen vom Ziel des Studienprojekts entwickeln. Der Kunde muss in der Lage sein, sein Ziel klar zu definieren, und der Marktforscher muss dieses auch verstehen. Deshalb beschreibt ein Marktforscher beim Verfassen eines Angebots zu Beginn noch einmal Hintergrund und Ziele des Projekts.

Umfang: Um ein verlässliches und haltbares Angebot zu unterbreiten, muss die Umfrage auch vom Aufwand her definiert sein. Die Schwierigkeiten bei der Erreichbarkeit der Zielpersonen, die Anzahl der Interviews und die Länge des Fragebogens müssen festgelegt werden. Grund: All das sind entscheidende Kostenfaktoren, auch in der Auswertungs- und Berichtphase.

Stichprobe: Im Vorfeld muss definiert werden, welche Stichprobengenauigkeit benötigt wird. Beispiel: Sind die Kernzielgruppe junge Männer, die gerne Auto fahren, dann muss der Marktforscher das schon vorher wissen. Das Institut kann keine für die Bevölkerung repräsentative Umfrage machen und junge Männer, die Auto fahren, als Subgruppe ausweisen: Das werden zu wenige sein. Zudem sollte auch schon im Vorfeld definiert werden, ob es bestimmte Zielgruppen gibt, die besonders wichtig sind und die gesondert ausgewiesen werden sollten.

Interpretation: Auch bei der Interpretation muss man klar definieren, was der Kunde erwartet. Ist ein Grafik-

und Textbericht gewünscht oder eine Interpretation mit Empfehlungen? Soll das zusätzlich in einem Management-Summary auf einer Seite zusammengefasst werden?

 ## Was kostet Marktforschung?

Das ist eine Frage, die sich nicht pauschal beantworten lässt, denn die Kosten von Marktforschungsstudien sind von sehr vielen Faktoren abhängig:

Methodik: Grundsätzlich sind Online-Studien günstiger als Telefoninterviews, und diese wiederum sind günstiger als Face-to-Face-Befragungen. Aber nicht immer. Zuerst muss man natürlich klären, ob mit der jeweiligen Befragungsmethode auch ein objektives und realistisches Ergebnis zu erzielen ist. Nur aus Kostengründen eine günstige Methode zu wählen ist wenig sinnvoll, wenn die Zielgruppe so nicht erreicht wird, die Inhalte nicht dargestellt werden können und letztlich das Ergebnis den Auftraggeber nicht weiterbringt.

Zielgruppendefinition: Je spezifischer die Zielgruppe, desto höher die Kosten. Es ist einfacher eine Grundgesamtheit von Österreichern zu befragen als 1.000 Ärzte, die Spezialisten für Laktoseintoleranz sind. Die Suche, vor allem aber die Kontaktkosten für die spezifische Befragungs-Zielgruppe werden sich hier mit Sicherheit in deutlich höheren Kosten niederschlagen.

Es sind also drei Faktoren, die die Stichprobe teuer machen und den Preis des Samples bestimmen:

a.) Wie groß ist die Zielgruppe?
b.) Wie finde ich die Zielgruppe?
c.) Wie antwortbereit und kooperativ
    ist diese Zielgruppe?

Fragebogen: Es ist ein Unterschied, ob ein Fragebogen aus zehn Fragen mit fünf Minuten Interviewdauer besteht oder ob das Interview insgesamt fünfzig Minuten dauert. Grundsätzlich gilt: Je länger der Fragebogen, desto teurer wird die Studie. Die Gründe dafür liegen auch in der Auswertung, denn es macht einfach einen Unterschied, ob fünfzig Fragen in Tabellen und Charts ausgewertet werden müssen oder nur zehn. Ein weiterer Kostentreiber sind ungestützte Fragen, die vergleichsweise aufwändig bearbeitet werden müssen, ehe der Auftraggeber damit etwas anfangen kann.

Fragebogen, Interviewdauer und Kosten stehen in einem eigenen Spannungsfeld. Oft versuchen Auftraggeber möglichst viel in ein Projekt hineinzustopfen, um Kosten zu sparen. Allerdings läuft man damit einerseits Gefahr, sehr viele Abbrüche zu produzieren, die vom Institut verrechnet werden, andererseits kann bei langen Interviews die Datenqualität so schlecht sein, dass das ganze Projekt in Frage zu stellen ist.

Interpretation: Wird nur ein einfacher Tabellenband benötigt, ist das deutlich günstiger als ein ausgefeilter Tabellenband mit zahlreichen Erläuterungen, aufwändigen Analysen und wertvollen Empfehlungen.

 ## Ab welcher Unternehmensgröße ist Marktforschung sinnvoll und bezahlbar?

Bedeutung und Sinnhaftigkeit von Marktforschungsmaßnahmen haben grundsätzlich nichts mit der Größe des Unternehmens zu tun. Es ist ein Irrglaube, dass es sich nur für große Unternehmen rechnet, Marktforschung zu betreiben. Die Kosten für eine Umfrage können sich aufgrund einer optimierten Marketingstrategie oder auch aufgrund vertiefender Informationen über die eigenen Kundenzielgruppen schon bei kleineren Umsätzen als sehr lohnend erweisen. Gerade KMU in Österreich haben dafür aber noch kaum Bewusstsein entwickelt. Vielen Unternehmen ist auch nicht bewusst, dass sie in Zeiten der Digitalisierung bereits über sehr viele Daten verfügen, die im Grunde nur noch von Profis kompetent ausgewertet und analysiert werden müssen. Diese Datenschätze gilt es in den nächsten Jahren zu heben.

Woran erkenne ich als Befragter ein seriöses Marktforschungsinstitut?

Als Erstes sollte man sich als Befragter erkundigen, wer der Auftraggeber der Umfrage ist. Nur wenn seriös darauf geantwortet wird, kann man davon ausgehen, dass es sich um eine ernsthafte Studie handelt. Zudem merkt man auch an der Art der Befragung, wie gut geschult ein Interviewer ist. Hat man Zweifel an der Seriosität der Befragung, ist Vorsicht geboten. Als Befragter kann man auch die Telefonnummer (unterdrückte Anrufernummern sind ein No-Go!) oder die E-Mail-Adresse des Institutes verlangen, um Rückfragen stellen zu können. Es sollte eine Festnetznummer geben, unter der das Unternehmen erreichbar ist. Zudem sollte auch eine Homepage mit Kontaktdaten existieren. Das kann man zwar während des Anrufs nicht überprüfen, aber man hört sofort, wie der Anrufer reagiert.

 ## Wie kommt das Institut zu meiner Telefonnummer?

Früher wurden die Telefonnummern einfach aus dem Telefonbuch entnommen. Heute werden mit dem Random-Digit-Dialing-System Telefonnummern zufällig über einen Computer generiert. So kann es auch passieren, dass eine Geheimnummer angerufen wird. Das System hat einen Zufallsgenerator, der bestehende Nummern zusammenstellen kann. Diese Nummern werden automatisch danach überprüft, ob sie eine Datenkarte oder Ähnliches darstellen. Ohne dieses System könnte ein Institut heute per Telefon kaum noch repräsentative Umfragen machen. Grund: Könnten nur die Nummern angerufen werden, die noch im Telefonbuch stehen, wären Studien heute nicht mehr repräsentativ, da in Österreich eine Mehrheit der Bevölkerung nur noch mobil erreichbar ist und ein großer Teil davon über nicht eingetragene Telefonnummern, also auch nicht im Telefonverzeichnis, zu finden ist.

Wo liegt das Mindestalter der Befragten?

Die ESOMAR-Regeln legen fest, dass Personen ab dem 14. Lebensjahr befragt werden dürfen. Unter zehn Jahren darf ein Kind nur im Beisein eines Erziehungsberechtigten befragt werden. Zwischen zehn und 14 Jahren darf ein Kind alleine, aber nur mit der Einwilligung des Erziehungsberechtigten befragt werden. Ab dem 14. Lebensjahr ist eine Studienteilnahme ohne Einwilligung der Eltern erlaubt. Es gibt auch je nach Thematik verschiedene Zielgruppen-Untergrenzen. Für Medienumfragen liegt die Untergrenze beim 14. Lebensjahr. Umfragen zu den Themen Wahlverhalten oder Finanzprodukte bedingen eine Altersuntergrenze von 16 Jahren, denn erst ab diesem Alter gilt man als geschäftsfähig und wahlberechtigt.

Tracking-Studien: Was sind Längsschnittuntersuchungen und wie funktionieren sie?

Längsschnittuntersuchungen haben den Zweck, Marktveränderungen oder Veränderungen, die ich als Unternehmen aktiv forciere, zu messen. Es müssen diese Befragungen mit einer strukturgleichen Stichprobe mit den gleichen Fragestellungen zum gleichen Zeitpunkt durchgeführt werden. Dann kann man beobachten, wie sich die Marketingtätigkeiten, also Aktivitäten, die sich auf Produkte beziehen, auf die Bekanntheit des Unternehmens, das Image, die Zufriedenheit mit den Produkten oder die Kaufbereitschaft auswirken.

Beispiel Ergebnis einer Längsschnittstudie

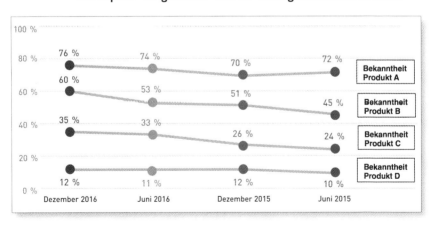

Eine Sonderform sind dabei Panel-Untersuchungen. Hier werden immer wieder dieselben Befragten interviewt. Der Vorteil dabei ist, dass die Schwankungsbreiten außer Kraft gesetzt sind, der Nachteil, dass die Befragten den Fragebogen kennen und damit das Antwortverhalten massiv beeinflusst wird.

Dürfen die Ergebnisse vom Marktforschungsinstitut weiterverwendet werden?

Nein: Die Ergebnisse der Studie gehören exklusiv dem Kunden, der dafür bezahlt hat. Das Institut darf die erhobenen Daten nicht weitergeben oder für ähnliche Studien verwenden. An Journalisten dürfen ebenfalls nur jene Ergebnisse weitergegeben werden, die der Kunde explizit freigegeben hat. Auch bezüglich des Fragebogens wird dem Kunden Exklusivität zugesichert.

Was ist eine Stichprobe?

Die Stichprobe ist eine Teilmenge einer Grundgesamtheit, die unter bestimmten Gesichtspunkten ausgewählt wurde. Stichproben werden dort gezogen, wo Vollerhebungen nicht möglich oder sinnvoll sind (meist aus wirtschaftlichen Überlegungen). Die Stichprobengröße wird danach festgelegt, wie „sicher" das Gesamtergebnis sein soll und bis zu welcher Untergruppe verwertbare Aussagen vorliegen sollen. Diese Subgruppen müssen entsprechend der gewünschten Verlässlichkeit bestimmt werden. Also definiert die kleinste Zielgruppe die Gesamtstichprobe.

 ## Was ist Signifikanz und Schwankungsbreite?

Von einem signifikanten Ergebnis oder einem signifikanten Unterschied zweier Ergebnisse (z. B. jenem zwischen den befragten Frauen und Männern) spricht man dann, wenn die jeweiligen Ergebnisse außerhalb der Schwankungsbreiten liegen. Die Schwankungsbreite drückt aus, mit welcher Unschärfe ein Stichprobenergebnis auf die Grundgesamtheit hochgerechnet werden kann oder ab wann zwei Ergebnisse zueinander signifikant unterschiedlich sind. Je größer die Stichprobe ist, desto geringer wird die Schwankungsbreite. Außerdem ist die Schwankungsbreite vom Tabellenwert abhängig (ein Anteil von 10 % in der Stichprobe weist deutlich kleinere Schwankungsbreiten auf als 40 % oder 50 %).

Voraussetzung für die Berechnung der Schwankungsbreite ist ein Zufallsfaktor in der Stichprobe: Nur bei Zufallsstichproben kann der statistische Fehler berechnet werden, der die Hochrechnung des Stichprobenergebnisses auf die tatsächliche Verteilung des Merkmales in der Grundgesamtheit zulässt.

Sind 50 Befragte für quantitative Erhebungen wirklich genug?

Auf Basis der Stichprobentheorie würden 50 Befragte ausreichen. In der Praxis wird die Verwertbarkeit der Ergebnisse aber sehr limitiert sein, da die Schwankungsbreiten mit plus/minus 13,9 % eine Interpretation schwermachen. 1.000 Befragte sind aber nicht zweimal so gut wie 500 und 10.000 nicht zehnmal besser als 1.000 Respondenten.

Die folgende Tabelle zeigt die Schwankungsbreiten und damit Spannweiten für die jeweiligen Stichprobengrößen für einen erhobenen Wert von 50 %.

Stichproben-größe	Erhobener %-Satz	Schwankungsbreite	Unterer Wert	Oberer Wert
50	50	13,86	36,14	63,86
300	50	5,66	44,34	55,66
500	50	4,38	45,62	54,38
1.000	50	3,10	46,90	53,10
2.000	50	2,19	47,81	52,19
10.000	50	0,98	49,02	50,98

Wenn also eine Stichprobe mit n = 300 ergibt, dass 50 % der Befragten das Produkt A bevorzugen, dann liegt dieser Wert tatsächlich zwischen 44,34 und 55,66 %.

Die „notwendige" Schwankungsbreite = Sicherheit der Ergebnisse bestimmt letztendlich die notwendige Stichprobengröße.

Checkliste:

Das konkrete Angebot – INHALTE
- ✔ Hintergrund und Ziel,
  Definition Informationsbedarf
- ✔ Forschungsansatz, methodischer Ansatz
- ✔ Zielgruppe und Stichprobe
- ✔ Erhebungsmethode
- ✔ Inhalte, Themenkatalog, Fragenvorschläge
- ✔ Auswertung und Berichtslegung
- ✔ Kostenrahmen, Kalkulation
- ✔ Zeitplan Kontakt, Zuständigkeiten, ev. Team
- ✔ Informationen zum Unternehmen
  (wenn 1. Angebot)
- ✔ Eventuell Referenzen (wenn es passende
  Referenzen gibt)

Zielgruppe und Sampling

 Wie finde ich die richtige Zielgruppe?

Um die richtige Zielgruppe für eine Umfrage festzulegen, braucht es eine korrekte Definition der für die
Beantwortung einer Frage relevanten Grundgesamtheit.
Für sehr viele Umfragen ist ein repräsentativer Bevöl-
kerungsquerschnitt, ab einer bestimmten Altersgrenze,
die richtige Zielgruppe. Doch es gibt Untersuchungen,
bei denen die Bedürfnisse einer speziellen Zielgruppe,
wie etwa Autofahrer, Eltern oder auch Ärzte, abgefragt
werden müssen, und hier greift der Marktforscher zum
Screening. Das heißt der Computer wählt zufällig eine
Telefonnummer aus und der Marktforscher fragt: „Haben Sie Kinder im Alter von 6 bis 14 Jahren?" „Lenken
Sie zumindest gelegentlich selbst ein Auto?" Wenn die
Person in die richtige Zielgruppe fällt, hat der Marktforscher Glück. Wenn nicht, ist die Sache erledigt. Das
Screening-Kriterium nennt man in der Marktforschung
Inzidenzrate. Wenn ich eine sehr spezifische Zielgruppe
habe, etwa die Eltern von schulpflichtigen Kindern, liegt
die Inzidenzrate bei rund 15 bis 20 %. Das heißt, um
ein Interview zu machen, muss der Forscher zumindest

fünf Anrufe kalkulieren. Die Inzidenzrate ist ein ganz wesentlicher Bestandteil bei der Kostenkalkulation einer Studie. Wenn die angesprochenen Ärzte die Zielgruppe sind, gibt es andere Verfahren, um zu den Ansprechpartnern zu kommen.

Gleiches gilt übrigens auch für Online-Befragungen aus dem Online-Access-Panel, also der Datenbank, in welcher die Daten aller Panelisten abgespeichert sind (Personen, die sich beim Institut eingetragen haben, um an Umfragen teilzunehmen). Hier ist die Inzidenzrate für alle jene Kriterien ausschlaggebend, die nicht bereits in den Daten des Instituts abgespeichert sind. Informationen, die der Forscher gespeichert hat – wie das Bundesland, in dem jemand lebt, oder die Altersgruppe –, gelten nicht als Inzidenzrate, denn das kann in der Datenbank vorgefiltert werden. Das Institut wird dann nur jene Panelisten zur Umfrage einladen, die z. B. einen Hochschulabschluss aufweisen, Kinder haben oder in einem bestimmten Bundesland leben. Wenn es aber um ein Kriterium geht, das nicht abgespeichert ist, weil es in den sogenannten Stammdaten nicht erhoben wurde, dann gibt es auch bei der Online-Befragung eine Auswahl mithilfe von Screening-Fragen. Zur Abschätzung dieser Inzidenzraten und damit des Aufwands, greift der Marktforscher auf statistische Daten zurück, die über unterschiedliche Quellen zur Verfügung stehen, allen voran die Daten der Statistik Austria.

Die Daten der Personen im Online-Access-Panel können mit dem Einverständnis der Befragten auch erweitert werden, allerdings stehen hier Kosten und Nutzen oft nicht in vernünftiger Relation.

Ein Tipp: Auch wenn die Kriterien in den Stammdaten verfügbar sind, sollten sie in der Abfrage im Interview immer abgefragt werden, um möglicherweise eingetretene Änderungen berücksichtigen zu können.

Im B_2B-Bereich greift man für Befragungen meist auf Datenbanken zurück, die bei Adress-Unternehmen gekauft werden können. In diesen gekauften Unternehmensdaten finden sich neben den klassischen Unternehmensdemografika Bundesland, Branche und Anzahl der Mitarbeiter meist auch Informationen über Ansprechpersonen, Marketingleiter, IT-Leiter oder Personalisten.

AUSWAHLVERFAHREN:

I. Nicht zufällige Auswahl (Non-probability Sampling)

CONVENIENCE-SAMPLE
Hier wird die Auswahl aufs Geratewohl getroffen, und es werden nur jene Personen befragt, die am leichtesten erreichbar sind. Die Nicht-Repräsentativität wird hier in Kauf genommen.

KONZENTRATIONSPRINZIP (CUT-OFF)
Einige typische Merkmalsträger können die Grundgesamtheit repräsentieren. Dies ist besonders relevant bei

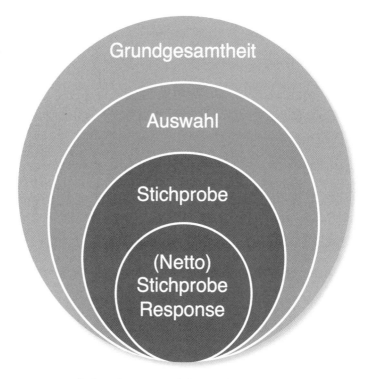

homogenen Grundgesamtheiten und Zielgruppen. Das Konzentrationsprinzip wird etwa bei qualitativen, explorativen Studien (z. B. Focus-Groups) eingesetzt.

QUOTENAUSWAHL

Hier wird die Repräsentativität der Stichprobe durch die Berechnung von Quoten für wichtige relevante Merkmale erreicht. Einfach gesprochen: In einer Repräsentativbefragung in Österreich müssen 48 % Männer und 52 % Frauen sowie 21 % Wiener enthalten sein. Für größere

Genauigkeit werden diese Quoten häufig miteinander kombiniert, wie z. B. Altersverteilung mit Geschlechterverhältnis. Der Einsatz von Quotenstichproben ist besonders bei Online-Befragungen und bei persönlichen Befragungen üblich.

Vorteile:
» Einfach durchführbar
» Kostengünstig
» Einfacher Austausch von Ausfällen, daher flexibel
» Hinreichende gute Ergebnisqualität
» Hohe Ausschöpfung

Nachteile:
» Nur eine begrenzte Zahl an Merkmalen kann quotiert werden, meist sind das: Region, Geschlecht, Alter, Schulbildung; typische Kreuzquoten sind z. B. Geschlecht x Alter. Die Berücksichtigung mehrerer Kreuzquoten ist erst bei großen Stichproben möglich.
» Das Datenmaterial für die Quoten ist nicht immer aktuell bzw. nicht in exakt jener Form verfügbar, in welcher man es bräuchte (z. B. Daten für Familien mit Kindern unter 12 Jahren, verfügbar sind nur Daten für Familien mit Kindern unter 14 Jahren).
» Bei interviewerbasierten Befragungen: subjektive Verzerrungen bei der Auswahl der Zielpersonen (Sympathie, leicht zu erreichen etc.) durch die Interviewer.

II. Zufällige Auswahl (at random)

Die Auswahl der Merkmalsträger erfolgt zufällig! Das Ergebnis kann auf die Grundgesamtheit hochgerechnet werden (in einem Konfidenzintervall/unter Berücksichtigung der Schwankungsbreiten). Sie erfordert allerdings einen hohen Planungsaufwand, denn ausgewählte Einheiten (Personen) können nicht einfach durch andere Einheiten ersetzt werden.

UNEINGESCHRÄNKTE ZUFALLSSTICHPROBE (URNENMODELL)

Diese Methode funktioniert besonders gut bei kleinen, homogenen Grundgesamtheiten. Das kann durch eine Zufallsauswahl aus dem vollständigen Adressmaterial oder durch Random-Route erfolgen. Bedingung dafür ist allerdings ein vollständiges Verzeichnis der Grundgesamtheit.

Vorteile:

» Kein Wissen über Merkmalsverteilung notwendig
Die uneingeschränkte Zufallsstichprobe wird heute, meist aus Kostengründen, nicht mehr eingesetzt.

Heute wird im Normalfall eine (vor-)geschichtete Zufallsstichprobe eingesetzt, vor allem wenn die Grundgesamtheit insgesamt heterogen, aber innerhalb der Schichten eher homogen ist. Dabei wird die Grundgesamtheit in Schichten aufgeteilt, deren Merkmale hohe Varianz aufweisen (z.B. Bundesland, Unternehmensgröße etc.).

Nachteile:

» Elemente müssen vollständig erfasst sein

» Relativ große Stichproben nötig, da relevante Merkmale (die Repräsentativität erfordern) in der Grundgesamtheit hohe Streuungen aufweisen (z. B. Bundesland)

MEHRSTUFIGE ZUFALLSSTICHPROBE (MULTISTAGE-SAMPLING)

Kommt zum Einsatz, wenn die Grundgesamtheit hierarchisch strukturiert ist. Eine dreistufige Zufallsstichprobe sieht z. B. so aus:

Primäreinheit	=	**Gemeinden (zufällig ausgewählt)**
Sekundäreinheit	=	**Zufallsauswahl von Haushalten in den Gemeinden**
Tertiäreinheit	=	**Person**

Also: In einer zufällig ausgewählten Gemeinde werden zufällig Haushalte und in diesen zufällig Personen (nach einem mathematischen Zufallsschlüssel) ausgewählt.

KLUMPENSTICHPROBE (CLUSTER-STICHPROBE)

Die Grundgesamtheit wird im ersten Schritt in einander ausschließende Gruppen (= Cluster) aufgeteilt – Hauptstädte, Straßenzüge o. Ä. In allen Clustern werden einfache Zufallsstichproben gezogen.

Vorteile dieser beiden Sampling-Methoden:

» Kostenersparnis, da die Erhebung durch die räumliche Konzentration weniger aufwändig ist als eine reine Zufallsauswahl

Die allwöchentliche Lottoziehung ist prototypisch für die „uneingeschränkte Zufallsstichprobe": Jede der 45 Kugeln hat exakt dieselbe Chance gezogen zu werden und gemeinsam mit fünf anderen Kugeln den Sechser der Woche – also die Stichprobe – zu bilden.

» Geeignet, wenn keine Auswahlbasis für einfache Zufallsauswahl zur Verfügung steht
» Struktur der Grundgesamtheit muss nicht unbedingt bekannt sein

Wie kommt ein Marktforschungsinstitut zu den Probanden?

Je nach Befragungsmethode ist es unterschiedlich, wie man zu den Befragten kommt.

A) F2F-BEFRAGUNGEN (FACE-TO-FACE):

Vor 30 Jahren war es noch gang und gäbe, dass ein Interviewer von Haus zu Haus gegangen ist. Er hat per Zufallsschlüssel eine bestimmte Wohnungstür ausgesucht, hat geläutet und dort mittels eines weiteren Zufallsschlüssels die entsprechende Person befragt. Das war die Zufallsauswahl eines Haushalts, einer Wohneinheit und in weiterer Folge der Untersuchungseinheit (Person).

B) TELEFON:

Als noch in fast jedem Haushalt ein Festnetzanschluss zu finden war, waren 90 % der Telefonanschlüsse im Telefonbuch eingetragen. Damit bildete das Telefonbuch die Basis für die Grundgesamtheit, die man erreichen wollte. Auch hier wurde nach dem Zufallsprinzip ausgewählt, ohne über die Person, die man anruft, etwas wissen zu müssen. Trotzdem wurde die Stichprobe vorgeschichtet:

Marktforscher wussten aufgrund der Statistik, dass in einer österreichweiten 500er-Stichprobe 100 Interviews aus Wien enthalten sein mussten. Das Wiener Telefonbuch hatte in etwa 3.000 Seiten: Von jeder dreißigsten Seite wurde mit beispielsweise jeder fünften Telefonnummer in der zweiten Spalte ein Interview gemacht. Damit hatte man auch einen Zufallsfaktor eingebaut. Da die Festnetzrate in Österreichs Haushalten in den letzten Jahren auf knapp unter 50 % zurückgegangen, dafür aber fast jeder mit einem Mobiltelefon ausgestattet ist, mussten sich die Marktforscher naturgemäß eine andere Sampling-Methode für Telefonbefragungen einfallen lassen.

Heute verwenden Marktforscher das Random-Digit-Dialing-System, bei dem ein Computer einfach nach dem Zufallsprinzip Telefonnummern, Festnetz- und Mobilnummern generiert. Der Forscher weiß nicht, ob die Person, bei welcher man gerade anruft, jung, alt, männlich oder weiblich ist und in welcher Situation die Person gerade angetroffen wurde. Beim Festnetz muss ja noch die Zufallsauswahl der Person im Haushalt erfolgen (Wer hatte im Haushalt als letzter Geburtstag?). Fazit: Das Sampling für Telefonbefragungen ist durch den Rückgang des Festnetzes viel komplexer geworden.

C) ONLINE:

Hier gibt es verschiedene Sampling-Möglichkeiten, je nachdem, welche Zielgruppe angesprochen werden soll. Die Unternehmen, die Online-Umfragen repräsentativ durchführen, verfügen über ein Online-Access-Panel. In diesem Panel ist eine Anzahl von Personen enthalten, die sich bereit erklärt haben, an Umfragen teilzunehmen. Diese neuen Panelisten melden sich über verschiedene Kanäle (also z. B. Internetseiten, auf denen sie vom Panel erfahren haben) aktiv im Panel an. Die Kunst, ein gutes Online-Panel zu etablieren, ist, eine Vielzahl an unterschiedlichen Kanälen zu wählen, damit möglichst unterschiedliche und vielschichtige Menschen dem Panel beitreten. Meist melden sich jüngere Personen, Männer und Personen mit einem niedrigen Ausbildungsniveau im Panel an. Werden aber Online-Inserate in höher qualifizierten Medien geschaltet, kommt es zu einer besseren Durchmischung des Panels, auch höher gebildete Personen wollen sich im Panel registrieren. Der Mix dieser Panel-Rekrutierungswege sorgt dafür, dass das

Je mehr Bildpunkte zur „Beschreibung" des Bildes zur Verfügung stehen, umso schärfer wird das Ergebnis. Für Stichproben gilt das Gleiche: Mehr Interviews bedeuten eine geringere Schwankungsbreite und somit ein „schärferes" Ergebnis.

Panel keine Schieflage erhält. Außerdem erneuert sich das Panel laufend selbst: Personen treten aus, dafür kommen neue hinzu.

Das Panel ist also keine statische, sondern eine hoch dynamische Angelegenheit. Ein gutes Online-Panel muss stetig gepflegt werden. Um laufend auch größere Studien abwickeln zu können, muss ein Panel eine bestimmte Größe haben, damit die Personen nicht zu oft befragt werden und man keine Marktforschungsprofis heranzüchtet, die eventuell auf bestimmte Fragen anders antworten. Und nur aus einem großen Panel können repräsentative Stichproben gezogen werden.

Was ist Repräsentativität?

Eine Stichprobe ist dann repräsentativ, wenn man ihre Ergebnisse ohne systematischen Fehler auf die Grundgesamtheit hochrechnen darf, die Stichprobe also die

Quelle: meinungsraum.at Online MarktforschunggmbH

Grundgesamtheit widerspiegelt. Grundsätzlich ist eine Auswahl aus der Grundgesamtheit so zu treffen, dass jedes Element/jede Person in der Grundgesamtheit die gleiche Wahrscheinlichkeit hat, in die Stichprobe aufgenommen zu werden. Die Größe der Stichprobe hat keinen Einfluss auf die Repräsentativität, sondern bestimmt nur die Schärfe des Bildes. Die Repräsentativität bezieht sich immer auf definierte Kriterien, wie Bundesland, Geschlecht, Alter, Bildungsniveau oder andere, meist soziodemografische Merkmale.

Ein Beispiel:
Wie viel Prozent der Österreicher lesen täglich die „Kronen-Zeitung"?

Repräsentatives Verfahren:
Telefonische oder Online-Befragung einer beliebig großen Stichprobe nach dem Zufallsprinzip oder Quotenverfahren mit Probanden, die über das Random-Dial-System oder aus dem Online-Access-Panel ausgewählt werden.

53

Nicht repräsentative Verfahren:
Befragung auf krone.at oder eine Abonnentenbefragung bei den Beziehern des Newsletters, denn egal ob 100, 500 oder 10.000 „Krone"-Abonnenten befragt werden, das Ergebnis wird niemals repräsentativ sein und somit niemals die Frage beantworten.

 ## Wie viele Interviews braucht man für eine repräsentative Stichprobe?

Wie gesagt: Die Repräsentativität ist kein Merkmal der Stichprobengröße, sondern ein Kriterium dafür, inwieweit die Stichprobe die Grundgesamtheit widerspiegelt. Dies wird üblicherweise anhand der Übereinstimmung soziodemografischer Merkmale überprüft. Auch eine kleine Stichprobe kann hinsichtlich bestimmter Merkmale repräsentativ sein. Wenn diese Stichprobe in Bezug auf Geschlecht, Alter, Wohnsitz und Bundesland der Grundgesamtheit laut Statistik entspricht, dann sind auch 30 Interviews repräsentativ (30 Interviews sind der Konsens der Untergrenze, ab der ein Mittelwert gerechnet werden darf). Die Stichprobengröße wird danach bestimmt, wie genau die benötigten Ergebnisse – auch für Untergruppen – sein müssen. Der Punkt ist jedoch, je mehr Interviews gemacht werden, umso schärfer wird das Bild und umso zuverlässiger und belastbarer sind die Ergebnisse. Die Chance, dass es hinsichtlich mehrerer Merkmale repräsentativ ist, ist mit einer größeren Stichprobe wahrscheinlicher, und der Marktforscher kann mehrere Kriterien repräsentativ berücksichtigen.

Repräsentativität in der Marktforschung: Ist das überhaupt möglich?

Grundsätzlich ist eine Auswahl aus der Grundgesamtheit so zu treffen, dass jedes Element/jede Person in der Grundgesamtheit die gleiche Wahrscheinlichkeit hat, in die Stichprobe aufgenommen zu werden. Diese strenge Vorgabe ist nur über das klassische Urnenmodell (alle Teile der Grundgesamtheit sind in der Urne) erfüllbar und wiederum nur unter der Voraussetzung, dass jeder gezogene Teilnehmer auch tatsächlich teilnimmt – also ohne Selbstselektion/Verweigerung durch die ausgewählten potenziellen Umfrageteilnehmer.

Repräsentativität ist also für die Marktforschung nach dieser strengen Definition nicht erreichbar. Marktforscher können niemanden zwingen, an Umfragen teilzunehmen. Staatliche Institutionen, wie z. B. Statistik Austria, können über rechtliche Konstruktionen (einklagbarer Zwang zur Teilnahme an Umfragen) Repräsentativität herstellen. Die kommerzielle Marktforschung kann aber nur für bestimmte Kriterien wie Alter, Geschlecht, Bundesland, Ortsgröße usw. repräsentative Daten liefern. Das heißt, die Stichproben sind beispielsweise „repräsentativ nach Alter, Geschlecht, Bundesland, Bildungsniveau, Verwendergruppen".

Warum ist Repräsentativität wichtig?

Repräsentativität ist wichtig, um das Ergebnis einer Stichprobenerhebung auf eine Grundgesamtheit hochrechnen zu können. Also: Wenn sich die Stichprobe X so verhält, dann verhält sich die Grundgesamtheit Y genauso, natürlich unter Berücksichtigung der Schwankungsbreiten. Bei einem Stichprobenergebnis von 50 % liegt das „wahre Ergebnis" in der Grundgesamtheit zum Beispiel bei einer 1.000er-Stichprobe innerhalb einer Bandbreite von +/- 3,2 %, also irgendwo zwischen 46,8 % und 53,2 %. Damit die Marktforschung auf die Grundgesamtheit hochrechnen kann, muss die Stichprobe hinsichtlich der relevanten statistischen Kriterien der Grundgesamtheit entsprechen. Im Normalfall sind diese relevanten Kriterien demografischer Natur: Geschlecht, Alter, Bildung, Haushaltsgröße, Beruf, Einkommen, Kinder im Haushalt, Gemeindegröße. Es kann aber in Bezug auf die Forschungsfrage auch andere Kriterien geben, die wichtig sind. Bei einer Umfrage über Automarken kann es wichtig sein, dass die Stichprobe hinsichtlich des Kritcriums der gefahrenen Kilometer pro Jahr repräsentativ ist. Je nach Fragestellung muss der Forscher überlegen, nach welchen Kriterien die Stichprobe repräsentativ sein muss, damit das Ergebnis hochgerechnet werden kann.

㉔ Was ist unter Schwankungsbreite zu verstehen?

Die Schwankungsbreite drückt aus, mit welcher Unschärfe ein Stichprobenergebnis auf die Grundgesamtheit hochgerechnet werden kann. Je größer die Stichprobe ist, desto geringer wird die Schwankungsbreite. Außerdem ist die Schwankungsbreite vom Tabellenwert abhängig (ein Anteil von 10 % in der Stichprobe weist deutlich kleinere Schwankungsbreiten auf als 40 % oder 50 %).

Wenn Institute eine Schwankungsbreite veröffentlichen, liest man immer den Begriff „maximale Schwankungsbreite". Diese maximale Schwankungsbreite ist eben nur bei einem Tabellenwert von 50 % zutreffend.

Beispiel:

Wenn man heute den Österreichern die Frage stellt, ob sie für die Wiedereinführung der Todesstrafe sind, dann werden dies nur fünf Prozent der Befragten bejahen. 95 % der Österreicher werden sich gegen die Wiedereinführung der Todesstrafe aussprechen. Werden nun 500 Österreicher befragt, und das Ergebnis wird auf alle Österreicher hochgerechnet, so ist die Wahrscheinlichkeit, dass sich bei allen Österreichern das Ergebnis in etwa zwischen fünf und sechs Prozent und 94 bis 95 % bewegt, höher als bei einer Fragestellung, bei deren Antwort sich die Hälfte der Leute für A und die andere Hälfte sich für B entscheidet (wie beispielsweise bei der Entscheidung in der Bundespräsidenten-Stichwahl).

Beispiel theoretische Schwankungsbreite

		Prozentwert in der Tabelle			
		50	45	40	35	30
		50	55	60	65	70
Stichprobengröße	100	9,8	9,8	9,6	9,3	9,0
	200	6,9	6,9	6,8	6,6	6,4
	300	5,7	5,6	5,5	5,4	5,2
	400	4,9	4,9	4,8	4,7	4,5
	500	4,4	4,4	4,3	4,2	4,0
	600	4,0	4,0	3,9	3,8	3,7
	700	3,7	3,7	3,6	3,5	3,4
	800	3,5	3,4	3,4	3,3	3,2
	900	3,3	3,3	3,2	3,1	3,0
	1.000	3,1	3,1	3,0	3,0	2,8
	1.500	2,5	2,5	2,5	2,4	2,3
	2.000	2,2	2,2	2,1	2,1	2,0

Bei einem Tabellenwert von 50 % tritt also die maximale Schwankungsbreite in Kraft, und je niedriger oder je höher der Tabellenwert ist, umso geringer wird die Schwankungsbreite.

Interessant ist, dass die Schwankungsbreite mit einer höheren Anzahl von Interviews nicht gravierend abnimmt (siehe Tabelle). In Österreich gilt: Mit 2.000 bis 3.000 Interviews erzielt man Top-Ergebnisse mit einer geringen Schwankungsbreite und einem noch bezahlbaren Preis-Leistungs-Verhältnis. Grundsätzlich muss dem Kunden bei Marktforschungsergebnissen immer bewusst sein, dass er ein Ergebnis bekommt, das eine Bandbreite aufzeigt und nicht einen absoluten Wert darstellt.

Prozentwert in der Tabelle

25	20	15	10	8	5	2
75	80	85	90	92	95	98
8,5	7,8	7,0	5,9	5,3	4,3	2,7
6,0	5,5	4,9	4,2	3,8	3,0	1,9
4,9	4,5	4,0	3,4	3,1	2,5	1,6
4,2	3,9	3,5	2,9	2,7	2,1	1,4
3,8	3,5	3,1	2,6	2,4	1,9	1,2
3,5	3,2	2,9	2,4	2,2	1,7	1,1
3,2	3,0	2,6	2,2	2,0	1,6	1,0
3,0	2,8	2,5	2,1	1,9	1,5	1,0
2,8	2,6	2,3	2,0	1,8	1,4	0,9
2,7	2,5	2,2	1,9	1,7	1,4	0,9
2,2	2,0	1,8	1,5	1,4	1,1	0,7
1,9	1,8	1,6	1,3	1,2	1,0	0,6

Um die Schwankungsbreite berechnen zu können, ist ein Zufallsfaktor in der Erstellung der Stichprobe notwendig. Grund: Nur bei Zufallsstichproben kann der statistische Fehler berechnet werden, der die Hochrechnung des Stichprobenergebnisses auf die tatsächliche Verteilung des Merkmals in der Grundgesamtheit zulässt!

Der Vollständigkeit halber sei hier die mathematische Formel zur Berechnung der maximalen Schwankungsbreite angeführt:

MAXIMALE Abweichung:

$= 1,96x \ \sqrt{50x50/n}$; z. B. n = 500, max. Abw. = +/− 4,4 %

Gleich ein Beispiel:
Wenn bei 400 Befragten (n = 400) 50 % der Befragten der Ansicht a) sind, liegt der wahre Wert in der Grundgesamtheit für Ansicht a) im Bereich von 45,6 % und 54,4 % (Konfidenzintervall).

Woran erkenne ich eine gute Stichprobe?

Die Stichprobe ist eine Teilmenge einer Grundgesamtheit, die unter bestimmten Gesichtspunkten ausgewählt wurde. Stichproben werden dort gezogen, wo Vollerhebungen nicht möglich sind (meist aus wirtschaftlichen Überlegungen). Eine gute Stichprobe erkenne ich vor allem an ihrer Transparenz. Jedes Institut muss dem Kunden oder auch einem Medienpartner, der über die Studie berichtet, Einblick in die Stichprobenstruktur geben. Anders bei der Repräsentativität: Diese muss für den Marktforschungskonsumenten nicht ersichtlich sein, denn die statistischen Verteilungen von Altersgruppen, Bundesländern oder anderem hat man im Normalfall nicht im Kopf. Ein Marktforscher, der aber diese Basiszahlen kennt, kann sofort nachvollziehen, ob eine Stichprobe repräsentativ ist oder nicht.

Wird über die Stichprobenmethode Auskunft gegeben?

Seriöse Marktforschungsunternehmen geben dazu Auskunft, und das Institut hat nichts dagegen, dass die Ergebnisse der Studie mit anderen Studien verglichen werden. Eine gute Stichprobe erkennt man auch daran, dass in einem ausgewiesenen Tabellenband die Breakspalten (also die dargestellten Untergruppen, wie z. B. 16- bis 29-Jährige, Wähler einer Partei oder Ähnliches) eine bestimmte Größe nicht unterschreiten. Ein seriöser Marktforscher weist keine Breaks aus, in denen z. B. nur fünf Befragte eine Subgruppe bilden. Der Laie, der eine Umfrage in einer Zeitung liest, sollte also immer darauf achten, ob die Stichprobengröße und die Befragungsmethode angeführt sind. Nur dann kann man davon ausgehen, dass es sich um eine seriöse Umfrage handelt.

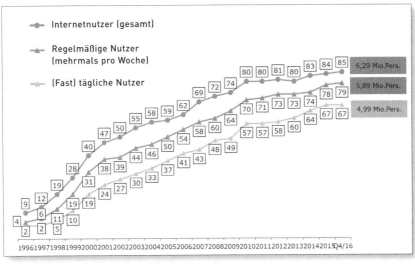

Quelle: AIM–Austrian Internet Monitor

61

Schwer zu erreichende Gruppen

JUGENDLICHE ZWISCHEN 14 UND 19:
Die meisten jungen Menschen haben kaum Interesse, an Umfragen teilzunehmen. Das Interesse entsteht erst ab einem gewissen Alter. Online-Panelisten sollte die Umfrage Spaß machen, die wenigsten machen es nur für den Gutschein, den sie dafür bekommen. Einen Jugendlichen jedoch, der mit Online-Inhalten überfrachtet wird, kann man auch mit einem Gutschein kaum mehr motivieren, an einer Umfrage teilzunehmen. Zudem ist es selten, dass man einen Jugendlichen in einer Situation erreicht, in der er oder sie die Muße hat, die Umfrage zu beantworten. Hier bedarf es vieler neuer Methoden, wie zum Beispiel der Handy-Tauglichkeit von Umfragen. Die Chance, dass ein Jugendlicher, der gerade in der U-Bahn sitzt, an der Befragung teilnimmt, ist größer, als dass er oder sie sich zu Hause die Zeit für die Umfrage nimmt.

ÄLTERE PERSONEN AUS KLEINEN GEMEINDEN:
Grundsätzlich sind Zielpersonen in kleinen Gemeinden für die Marktforschung schwer zu erreichen, und das unabhängig von der Methode. Dafür gibt es unterschiedliche Gründe: Zum einen ist es eine gewisse Skepsis und Verschlossenheit älterer Menschen, andererseits fehlt das Vertrauen in neue Technologien.

Mittels Online-Befragungen ist diese Zielgruppe besonders schwer zu erreichen. Natürlich liegt das zu einem gewissen Grad an der Internetdurchdringung, diese wird aber von Jahr zu Jahr besser und ist heute nicht mehr das vorrangige Thema. Erst in der Altersgruppe ab 75 Jahren werden Online-Befragungen fast unmöglich. Die Altersgruppe 75+ ist allerdings mit allen Methoden schwer zu erreichen. Will sich ein Kunde explizit an diese Zielgruppe richten, lässt sich das nur über Face-to-Face-Befragungen bewerkstelligen. Face-to-Face ist de facto bei allen schwierigen Zielgruppen der einzig mögliche Weg, um valide Daten zu erhalten.

 ## Wann ist „Convenience-Sampling" die Sampling-Methode erster Wahl?

Das Wort Convenience kommt aus dem Englischen und bedeutet Bequemlichkeit. Wenn ich eine bestimmte Zielgruppe nur mit extrem hohem Aufwand und extrem hohen Kosten repräsentativ erreichen würde, kann auch der Weg des Convenience-Samplings beschritten werden. Das klassische Convenience-Sampling nennt man Snowball-Sampling.

Beispiel:
Vor vielen Jahren, nämlich 1984, gab es den Auftrag eines großen Unternehmens, PC-Besitzer zu befragen. Man kann sich vorstellen, dass das 1984 in Österreich nicht sehr viele waren. Die repräsentative Methode war, aus dem Telefonbuch Telefonnummern auszuwählen, dort anzurufen, sich vorzustellen und jeden, der abhob, zu

fragen, ob er einen Personal Computer zu Hause hat. Von 100 Angerufenen haben 99 nein gesagt. Um auf 200 Interviews zu kommen, hätte man also 20.000 Personen anrufen müssen, was jedoch unfassbar teuer und zeitaufwändig gewesen wäre. Schließlich wurde ein junger Mann gefunden, der einen PC zu Hause hatte. Der Forscher hat gefragt, ob er nicht noch Freunde, Bekannte und Schulkollegen habe, die ebenfalls einen PC besitzen. Er gab eine Liste von fünf Namen weiter. Jeder zweite von denen kannte wieder ein paar PC-Besitzer. So konnten auf einem relativ bequemen, aber definitiv nicht repräsentativen Weg 200 Interviews gemacht werden. Bei der PC-Umfrage im Jahr 1984 war Repräsentativität übrigens nicht wichtig. Es war wichtig zu erfahren, wie diese frühen Computernutzer ihre Computer verwenden, welche Erwartungen sie haben usw. Hier ist mit gutem Gewissen zu sagen, dass es für das Ergebnis der Studie nicht wichtig war, ob sie repräsentativ war oder nicht, der Kunde hat mit vertretbarem Aufwand nützliche Ergebnisse erhalten.

Noch heute wird diese Methode angewendet, wenn es sich um sehr schwer zu erreichende Zielgruppen handelt. Werden für eine Studie z. B. Veganer (1 % der Gesamtbevölkerung) gebraucht, wird man mit einer repräsentativen Methode nicht weit kommen. Auch hier wäre das Snowball-Sampling die Methode der Wahl. Heute kann eine solche Zielgruppe aber auch mit Hilfe der Sozialen Medien angesprochen werden. Wenn man auf Facebook postet, dass man Veganer sucht, findet man sicher einige Personen. Mit Repräsentativität hat das jedoch nichts zu tun, denn die Personen melden sich aktiv zu einer Umfrage an.

Es ist also bei einem Studienkonzept entscheidend, festzulegen, welche Methode angesichts des Kosten-Nutzen-Verhältnisses die richtige ist. Ist es wirklich notwendig, dass ich beim Thema Migranten z. B. den einen Migranten, der in einer kleinen Gemeinde im Burgenland lebt, befrage? Ist es wichtig für das Ergebnis der Studie und deren Inhalte? Wenn nicht, dann wird der Forscher eine andere Sampling-Methode anwenden, die weniger aufwändig und teuer ist. Voraussetzung dafür ist die Reflexion, ob die nicht repräsentative Sampling-Methode Auswirkungen auf die Studienergebnisse haben kann. Ist Repräsentativität extrem wichtig, wie bei der Frage nach der österreichweiten Bekanntheit von heimischen Politikern, dann kann ich River-Sampling oder Snowball-Sampling nicht anwenden.

Grundsätzlich ist keine Sampling-Methode a priori abzulehnen, weil sie sehr wohl ihre Berechtigung bei bestimmten Frage- bzw. Aufgabenstellungen haben kann; immer auch angesichts des Preis-Leistungs-Verhältnisses.

 ## Wie werden die Teilnehmer einer Gruppendiskussion ausgewählt?

In einer guten Gruppendiskussion diskutieren optimalerweise acht bis zehn Personen. Zwölf sind bereits zu viel, die Diskussion dauert lange und ist besonders ermüdend, da jeder Teilnehmer nur selten zu Wort kommt. Auf der anderen Seite sind sechs Teilnehmer zu wenig: Wenn auch nur eine oder zwei Personen weniger zur Diskussion beitragen, kann mit vier oder fünf aktiven Teilnehmern keine abwechslungsreiche Diskussion zustande kommen. Doch wie werden die Teilnehmer ausgewählt? Im Grunde werden Gruppendiskussionsteilnehmer so ausgewählt wie Umfrageteilnehmer. Das heißt, es wird eine Kurzumfrage anhand der Screening-Kriterien durchgeführt – natürlich nur in einer vertretbaren Entfernung zum Marktforschungsinstitut, um die Anreise zu ermöglichen. Anhand von demografischen Kriterien wird eine schön durchmischte Gruppe erstellt, die die Zielgruppe widerspiegelt. Manchmal ist es aber auch ratsam, homogene Gruppen zu bilden. Hierzu ein Beispiel: Wahrscheinlich ist es aufschlussreicher, Frauen und Männer getrennt über das Thema Ernährung und Diäten sprechen zu lassen. Es kann leicht sein, dass Frauen und auch Männer in Anwesenheit des anderen Geschlechts gehemmter über ein Thema sprechen.

Bei schwierig zu erreichenden Zielgruppen wie beispielsweise Architekten, Lehrern, Veganern usw. tritt auch oft der Bekanntenkreis mit Empfehlungen in Aktion, nach dem Motto: „Kennt jemand wen, der jemanden kennt?" Bei der Zusammenstellung der Gruppen ist außerdem zu beachten, dass es keinen Sinn ergibt, Fachleute mit Normalbürgern gemeinsam diskutieren zu lassen. Die Spezialisten würden die normalen Konsumenten derart verunsichern und dominieren, dass das

Ergebnis beeinträchtigt wird. Über die Homogenität und Inhomogenität von Gruppendiskussionen ist von Thema zu Thema zu entscheiden. Bei einer Gruppendiskussion über ein Thema, das sehr heftig diskutiert wird, ist eine inhomogene Gruppe zu bevorzugen, weil dann verschiedene Meinungen aufeinanderprallen.

Beispiel:

Man kann eine Diskussion über die politische Situation in Österreich nicht nur mit SPÖ-Wählern führen, denn diese werden sich eher einig sein, es kommt also kaum Diskussion zustande. Macht man aber eine Gruppendiskussion zur Weiterentwicklung der SPÖ, dann braucht man mit Sicherheit keine FPÖ-Wähler – es sein denn, diese sind ehemalige SPÖ-Wähler.

Die Zusammenstellung einer Diskussionsgruppe ist jeweils nach Thema, Auftraggeber, Situation, Inhalt und Ziel zu entscheiden. Anders als in Fernsehdiskussionen geht es bei Gruppendiskussionen in der Marktforschung darum, Erkenntnisse aus der Gruppendiskussion zu ziehen und nicht zu unterhalten.

Befragungszeitpunkt und Befragungszeitraum: Wann und wie lange soll befragt werden?

Der Befragungszeitpunkt ist ein entscheidender Faktor, und jedes Thema hat auch eine gute Befragungszeit. Wenn ein Institut eine Umfrage zu den beliebtesten Eissorten machen soll, dann wird dies nicht im Herbst und Winter geschehen. Soll eine Umfrage unter Eltern schulpflichtiger Kinder gemacht werden, dann ist es nicht sehr klug, diese in den Sommerferienzeiten Juli und August zu befragen. Bei politischen Umfragen gilt auch zu bedenken, welches Thema gerade das Tagesgeschehen bestimmt.

Es gibt jedoch auch Befragungszeitpunkte, die notwendig sind, weil Entscheidungen getroffen werden müssen. Wenn ein Unternehmen mit einem TV-Spot am Tag X „on air" gehen muss und den Spot vorher noch testen will, dann ergibt sich daraus ein notwendiger Befragungszeitraum. Hängen unternehmerische Entscheidungen von den Ergebnissen der Befragung ab, dann muss man dies bei Erstellung des Zeitplans berücksichtigen, im Normalfall werden diese Anforderungen bereits bei der Angebotslegung mit dem Auftraggeber abgeklärt.

Doch gibt es den richtigen Befragungszeitpunkt überhaupt? Ja! Man erreicht zum Beispiel unter der Woche eine andere Zielgruppe als am Wochenende. Wenn man also ein gut durchmischtes, repräsentatives Sample erreichen will, dann sollten sowohl ein paar Wochentage als auch ein Wochenende in den Befragungszeitraum fallen.

Wie viel Zeit muss ich für die Erstellung einer Studie einplanen?

Das lässt sich nicht pauschal beantworten und hängt von vielen Faktoren ab. Wenn es eine standardisierte, einfache Befragung mit einer relativ einfach zu erreichenden Zielgruppe ist, dann kann eine Studie innerhalb einer Woche fertig auf dem Tisch liegen. Wenn es eine komplexere Thematik ist, bei der erst nach intensivem Briefing mit dem Kunden der Fragebogen entwickelt werden muss und es noch keine Standardlösungen gibt, dann können bis zur Ergebnispräsentation sogar Monate vergehen.

Methoden

 Wie komme ich zur richtigen Studie?

Die Art der Studie und die adäquate Methode wird immer nach der Forschungsfrage und der Zielsetzung definiert: Was will ich wissen? Man unterscheidet zuerst einmal die quantitative und die qualitative Marktforschung. Wenn man wissen will, warum etwas funktioniert, dann wird ein qualitativer Ansatz gewählt. Ist man aber daran interessiert, wer was wie kauft, verwendet oder beurteilt, wird ein quantitativer Ansatz gewählt. Soll eine Prognose oder ein aktueller Zustand beschrieben werden, der im Anschluss in Prozenten oder absoluten Zahlen bemessen werden soll, dann braucht es ebenfalls eine quantitative Methode. Wenn man etwas über innere Zusammenhänge, Prognostik, Motive etc. herausfinden will, dann muss mit qualitativen Instrumenten gearbeitet werden. Grundsätzlich sollte die Wahl der richtigen Befragungsmethode immer beim beauftragten Institut liegen. Und: In der Praxis werden die beiden Ansätze, qualitativ und quantitativ, oft kombiniert.

Welche Marktforschungsstrategien gibt es?

Je nach Untersuchungsziel kann man drei grundlegende Marktforschungsstrategien unterscheiden:

a) Explorative Studien:

In der Regel werden hier keine standardisierten Forschungsmethoden eingesetzt. Der Forscher versucht durch verschiedene Formen der explorativen Untersuchung erste Informationen zu beschaffen über Themen, die bisher nicht untersucht wurden. Oft werden diese vagen Erkenntnisse erst im Rahmen einer späteren Untersuchung konkretisiert. Explorative Studien dienen der Erarbeitung von Forschungshypothesen.

Hier eignen sich folgende qualitative Methoden:
» Tiefeninterviews
» Gruppeninterviews/Gruppendiskussionen
» Expertengespräche
» Recherche
» Beobachtung

b) Deskriptive Studien:

Diese standardisierte Form der Marktforschung wird am häufigsten für folgende Problemstellungen eingesetzt: zur Überprüfung konkreter Forschungshypothesen, zur Beschreibung von Sachverhalten bzw. Ermittlung der Häufigkeit ihres Auftretens sowie zur Ermittlung des

Zusammenhangs (Korrelation) zwischen Sachverhalten (Variablen).

In vielen Fällen erfolgt die deskriptive Forschung im Anschluss an eine explorative Forschung. Die Erkenntnisse aus der explorativen Forschung werden dafür erfasst und quantifiziert. So können durch explorative Forschung gewonnene Erkenntnisse mithilfe deskriptiver Forschung näher beschrieben werden.

Im Gegensatz zu explorativen Studien liefern deskriptive Studien konkrete Ergebnisse, also „harte Fakten", wie z. B.:
» Verteilungen in Prozentwerten oder in absoluten Zahlen
» Unterschiedliche statistische Maßzahlen wie Modus, Median und arithmetisches Mittel

Beispiel für das Ergebnis einer deskriptiven Studie:

Frage 1: Wie zufrieden sind Sie ganz allgemein mit Ihrer derzeitigen Arbeit?

	GESAMT	1=sehr zufrieden	2=eher zufrieden	3=teils/teils	4=eher unzufrieden	5=sehr unzufrieden	Mittelwert
TOTAL							
	1.000	30%	40%	20%	7%	3%	2,1
Geschlecht							
männlich	503	25%	43%	21%	7%	3%	2,2
weiblich	497	34%	37%	18%	8%	3%	2,1
Alter							
18-29	188	26%	43%	18%	8%	6%	2,3
30-39	222	28%	41%	23%	5%	3%	2,1
40-49	286	30%	39%	19%	9%	3%	2,2
50 und älter	304	32%	40%	20%	7%	2%	2,1

c) Kausale oder explanative Studien:
Diese dienen der Analyse von Ursache-Wirkungs-Beziehungen oder beschreiben Wirkungszusammenhänge beobachteter Phänomene. Solche Studien sind methodisch aufwändig und eher kostenintensiv, da sie oft als Experiment angelegt oder multivariate Auswertungen (Regressions-, Varianzanalyse, Strukturgleichungsmodell) angewendet werden müssen. Trotzdem erlangen Studien, die kausale Zusammenhänge aufzeigen, in der Praxis immer höhere Bedeutung.

 ## Klassische Methoden der Markt- und Meinungsforschung: Was sind die Vor- und Nachteile?

Die in der Marktforschung zum Einsatz kommenden Methoden entwickeln sich stetig weiter. Mit dem technischen Fortschritt und der damit einhergehenden Entwicklung unserer Gesellschaft bedient sich auch die Marktforschung immer neuer Instrumente, um herauszufinden, wie die Menschen gerade ticken.

Die gängigsten Methoden sind Online-Befragungen, Face-to-Face-Befragungen und telefonische Befragungen. Jede Methode hat ihre spezifischen Vor- und Nachteile. Online- und Telefonbefragungen kommen fast ausschließlich in der quantitativen Forschung zum Einsatz. Seit ein paar Jahren sind Online-Befragungen bei Studien die am häufigsten angewandte Methode (Quelle: VMÖ

Unternehmensbefragung 2014), aber auch Telefon- und F2F-Befragungen sind nach wie vor sehr oft im Einsatz. Nebenbei erwähnt sei noch die schriftliche Befragung – ein Randbereich, welcher aber für bestimmte Forschungsfragen und Zielgruppen noch immer die Methode erster Wahl sein kann.

Persönliche Befragung	Telefonische Befragung
Vorteile	Vorteile
Umfangreicher Fragebogen möglich; Dauer bis zu 1 Std.	Raschere Ergebnisse als bei F2F oder schriftlicher Befragung
Vorlagen (Logos, Titelkarten etc.) möglich	Kostengünstiger als bei persönlicher Befragung
Motivation durch den Interviewer	Einfache Auswahl der Befragten
Hohe Response Rate	Rückfragen möglich
Kontrolle der Antwortsituation	Geringer Aufwand
Zusätzliche Beobachtungen möglich	Interviewer bestimmt Aufwand/Motivation
Für manche Zielgruppen noch immer die adäquate Methode!	Zufallsstichproben durch Random-Dial-System
Nachteile	Nachteile
Hohe Kosten	Keine Visualisierungshilfen
Großer Personal- und Organisationsaufwand	Komplexe Fragen sind schwer zu stellen
Bei repräsentativen Studien faktisch unleistbar!	Repräsentativität (Handy)
Interviewereinfluss	Erreichbarkeit
	Interviewereinfluss

Schriftliche/Postalische Befragung	Online-Befragungen (Online-Access-Panel)
Vorteile	Vorteile
Kein Interviewereinsatz (Kosten, Beeinflussung)	Schnell realisierbar
Große Flächenabdeckung	Kurze Rücklaufzeiten
Erreichbarkeit schwer Erreichbarer	Kostengünstiger als persönliche oder telefonische Befragungen
Personenkreise (Bürgermeister, Ärzte)	Erhobene Daten sind sofort verfügbar und es gibt auch Rücklaufkontrollen mit Zwischenreports
Antwortehrlichkeit durch Anonymität	Kein Interviewereinfluss und damit auch kein sozialer Einfluss auf die Beantwortung von Fragen
Keine unüberlegten Antworten	Multimedia-Befragungen, Einsatz von Bildern, Jingles und Filmen
Für persönliche Fragen/Tabu-fragen geeignet	Einbindung bestimmter Methoden (z. B. Conjoint Measurement) möglich
	Fragebögen können mit geringem Aufwand internationalisiert werden; Umfragesprache wählbar
	Der Befragte entscheidet selbst, wann er die Zeit für das Interview erübrigen kann, Interviews können sogar unterbrochen werden, wodurch eine intensivere Beschäftigung mit der Thematik möglich ist

Nachteile	Nachteile
Schriftliche/Postalische Befragung	**Online-Befragungen (Online-Access-Panel)**
Oft sehr geringe Rücklaufquote	Trotz der hohen Internetabdeckung von 84% in Österreich schlechte Erreichbarkeit der Zielgruppe 70+
Begrenzter Umfang und Komplexität des Fragebogens	Selbstselektion der Panelisten (aber gibt es das nicht bei allen Befragungsmethoden?)
Keine Rückfragen möglich	Unkontrollierbare Befragungssituation (wer „hilft" bei der Befragung mit?)
Beeinflussung durch Dritte möglich (keine Kontrolle der Antwortsituation)	Bei „langweiligen" Befragungen ist auch eine höhere Abbruchrate zu verzeichnen, daher: Auflockerungen und Spaß an der Befragung erzeugen
Befragter sieht gesamten Fragebogen	
Keine spontanen Antworten	Onlinebefragungen nicht durch einen Interviewer steuerbar, kein Nachfragen möglich
Manuelle Erfassung der Fragebögen notwendig	

 Qualitativ vs. quantitativ: Was ist der richtige Ansatz für welche Fragestellung?

a) Quantitative Studien:

Diese zeichnen sich (meist) durch repräsentative Stichproben mit größeren Fallzahlen aus. Das Ziel ist die Gewinnung von Aussagen und Ergebnissen, die auf die als relevant definierte und befragte Zielgruppe umgelegt werden können. Es werden also Fakten erhoben („Facts"). Klassische Fälle von quantitativen Befragungen sind Studien zum Marktvolumen, zu Marktanteilen, zur Beschreibung von Käufergruppen, zum Wahlverhalten etc. Die Befragung kann schriftlich, persönlich, telefonisch oder online erfolgen.

b) Qualitative Studien

Bei diesem Ansatz werden deutlich weniger Personen der Zielgruppe berücksichtigt, die Bandbreite reicht je nach Zielgruppe und Inhalt von zehn bis maximal hundert Interviews. Die Interviews werden intensiver, länger und tiefergehend geführt, und der Forscher versucht, typische Inhalte und Verhaltensmuster in Bezug auf das Forschungsziel („weiche" Daten) herauszufinden. Die Befragung kann als Einzel- oder Gruppeninterview (Fokusgruppen) durchgeführt werden, je nachdem, ob man die gruppendynamischen Prozesse einer Diskussionsrunde nutzen oder lieber auf einzelne Gesprächspartner eingehen möchte.

Qualitative Studien liefern oft den Input für quantitative Studien. Besonders in den frühen Phasen einer Grundlagenstudie werden qualitative und quantitative Methoden kombiniert, um einerseits erste Einblicke in einen noch neuen Forschungsgegenstand zu erlangen und andererseits die daraus entstandenen Hypothesen quantitativ zu überprüfen. Zunehmend erlangen ethnographische Verfahren an Bedeutung. Dabei werden Verfahren angewendet, die ursprünglich in der Ethnologie zur Erforschung fremder Kulturen angewendet wurden und in erster Linie zur möglichst neutralen Dokumentation der alltagskulturellen Phänomene dienen. Dabei werden die Probanden in ihrem Alltag anhand von Tagebüchern und Ablaufprotokollen (unter Einbindung auch der Sozialen Medien und aller Dokumentationsmöglichkeiten) umfassend beschrieben. Aus diesem reichhaltigen Material werden dann spezifische Verhaltensweisen im Zusammenhang mit der Forschungsfrage extrahiert.

c) EXKURS: Gruppendiskussionen

Gruppendiskussionen sind bereits in den 1940ern im angelsächsischen Raum entstanden, sind aber seit vielen Jahrzehnten auch in Österreich eine weit verbreitete Erhebungsmethode in der Markt- und Meinungsforschung.

An einer Gruppendiskussion nehmen meist sechs bis zwölf Probanden teil, die die Zielgruppe repräsentieren. Im Vergleich zum Gruppeninterview ist bei der Gruppendiskussion oder Focus-Group die Interaktion unter den Teilnehmern erwünscht. Die Arbeit in Gruppendiskussionen ist in hohem Maße abhängig von der Qualität der eingeladenen Probanden.

Wie die ideale Gruppe auszusehen hat, darüber gehen die Expertenmeinungen auseinander. Die Erfahrung zeigt aber, dass eine ideale Gruppe nicht zu heterogen sein darf, was die sprachlichen Fähigkeiten anbelangt, ansonsten fühlen sich Gruppenmitglieder unterlegen und koppeln sich aus der Diskussion aus. Aber auch der

Moderator und die gesamte Umgebung spielen bei Gruppendiskussionen eine große Rolle.

Wichtig ist, Gruppendiskussionen durch den Einsatz unterschiedlicher, auch spielerischer Methoden kurzweilig zu halten und alle Teilnehmer zur Mitarbeit zu motivieren.

 ### Der Wert der qualitativen Forschung: Warum können uns auch wenige Interviews wertvolle Informationen liefern?

Qualitative Studien sind die richtige Methode, wenn über einen Forschungsgegenstand noch wenig bekannt ist oder man bei bestimmten Sachverhalten wirklich in die Tiefe gehen will. Große Stichproben lassen in den seltensten Fällen aufwändigere, nicht standardisierte Fragen zu. Wenige, intensive Interviews sind oft extrem wertvoll, weil sie Expertenwissen und Einsichten zur Verfügung stellen, die auf andere Art und Weise nicht gewonnen werden können. Kurz und provokant gesagt: Wenn 200 mittelmäßige Internisten befragt werden, bekommt man nicht so viele wertvolle Informationen, wie wenn man drei Spitzeninternisten befragt. Komplexere Motive, Verhaltensmuster, Werte und Einstellungen lassen sich nur mithilfe tiefergehender Verfahren erschließen. Das wird in der Regel ein ausführliches Gespräch sein, kann aber auch ein Moodboard sein, das Probanden basteln, um damit ihre Gefühle zu einem bestimmten Thema auszudrücken.

Psychologische Verfahren werden bevorzugt bei Konsumentenstudien durchgeführt. Vorsicht: Nonverbale Verfahren sind oft schwierig zu interpretieren, vor allem bei abstrakten Fragestellungen.

 Wann wird ein Methodenmix verwendet?

Marktforscher mischen in der quantitativen Forschung mittlerweile häufig die Methoden. Dies ist vor allem aufgrund unterschiedlicher Erreichbarkeiten und der Bereitschaft, Interviews zu geben (nicht jeder ist online oder auch telefonisch erreichbar oder ist bereit, ein persönliches Interview zu geben!), notwendig. Oft werden Telefon- und Onlinebefragungen kombiniert. Auch persönliche, mündliche und Central-Location-Befragungen können dazugemischt werden. Zwar beeinflusst die Methode das Antwortverhalten, aber das lässt sich einfacher austarieren als eine nicht erreichte Teilpopulation, von der dann keinerlei Information vorhanden ist.

Als Standard gilt heute im Politikbereich der Online-und-Telefon-Mix: Bis zum Alter von 54 Jahren wird online befragt, über 60 telefonisch, und die Gruppe der 55- bis 60-Jährigen wird nach beiden Verfahren erhoben. Auch bei der Befragung von Menschen mit Migrationshintergrund kommt der Methodenmix häufig zur Anwendung. Grund: In den unterschiedlichen ethnischen Gruppen gibt es sehr unterschiedliche Erreichbarkeiten.

Alter, Bildungsniveau oder auch Gebräuche müssen von den Marktforschern berücksichtigt werden, um einen repräsentativen Querschnitt zu gewährleisten. Das mittlerweile zentrale Thema der Selektivität kann so effizient behandelt werden.

 ## Wofür ist ein Omnibus geeignet?

Omnibus-Befragungen oder Mehrthemenbefragungen bieten Auftraggebern die Möglichkeit, sich mit einer bestimmten, meist kleineren Anzahl von Fragen an eine ohnehin stattfindende Umfrage „anzuhängen". Omnibus-Befragungen sind grundsätzlich hochgradig organisierte Befragungen mit 500 bis 1.000 Interviews, meist repräsentativ für die österreichische Gesamtbevölkerung. Bei einem Omnibus gibt es ein fixes Timing und einen fixen Fahrplan. Da die Fixkosten der Studie (Set-up, Stichprobe etc.) auf mehrere Auftraggeber verteilt werden, ist diese Form der Befragung für Einzelkunden deutlich günstiger.

Für die Befragten sind solche Befragungen sehr bunt und abwechslungsreich, da unterschiedliche Themen behandelt werden. Die Forscher sind gefordert, den Fragebogen bestmöglich zusammenzustellen, um alle Themen korrekt zu behandeln.

Nachteil: Solche Befragungen liefern meist keine Detailergebnisse, sondern geben dem Kunden nur ein kurzes und aktuelles Stimmungsbild zu seinem Produkt oder zu seinem Image. Für die Respondenten sind Omnibus-

Befragungen meist sehr mühsam, weil derart viele unterschiedliche Themenkreise abgefragt werden. Daher ist die Position innerhalb des Fragebogens für die Qualität der Daten sehr wichtig. Je weiter hinten im Fragenprogramm, desto weniger überzeugend ist die Datenqualität.

 ## Wofür Marktforscher? Warum kann man 1.000 Menschen nicht selbst befragen und was macht die Erstellung eines Online-Panels zur Kunst?

Marktforschung ist Handwerk. Dieses Handwerk beinhaltet die Formulierung von Fragen, die von der Gesamtheit der Interviewten in möglichst hoher Übereinstimmung ident verstanden werden, die keine Begrifflichkeiten verwenden, die den Befragten fremd sind und komplexe Formulierungen vermeiden. Eindeutige Formulierungen sind eine naheliegende Forderung.

In der täglichen Praxis aber sind die Entwicklungen der Sprache für einen Fragebogen, der sich an unterschiedliche Altersgruppen richtet, nicht immer leicht zu berücksichtigen. Verstehen unterschiedliche Zielgruppen „lecker" ident, ist „geil" eine Beschreibung des Fettanteils oder eines hormonellen Zustands? Spätestens bei der Formulierung von Eigenschaften von Nahrungsmitteln oder zeitgenössischer Musik fallen die Begrifflichkeiten der Generationen weit auseinander. In erster Linie aber sind es so banale Dinge wie die Reihenfolge der Fragen und die wechselseitige Beeinflussung, die besonders berücksichtigt werden müssen. Hier passieren immer wieder haarsträubende Fehler, die massive Auswirkungen auf die Datenqualität zeitigen.

Doch für ein repräsentatives Marktforschungsergebnis ist ebenso entscheidend, wer befragt wird. Werden nur Kunden befragt, lässt sich nicht erschließen, was Nicht-Kunden über ein Unternehmen oder Produkt denken. Wählt man einfach zufällig 1.000 Menschen aus, ist eine repräsentative Verteilung der Altersgruppen, von Männern und Frauen oder unterschiedlichen Bildungsgruppen nicht gewährleistet. Das Ergebnis ist so beliebig und nicht nachvollziehbar wie die Auswahl der Studienteilnehmer – aus solchen Studien können und sollen keine Schlüsse gezogen werden.

Deshalb ist die Erstellung eines Online-Panels, aus welchem repräsentative Stichproben gezogen werden können, eine besondere Herausforderung. In einem Panel muss sichergestellt sein, dass jede Ausprägung, was Alter, Geschlecht, Bildung, Beruf und Region betrifft, in ausreichender Zahl vertreten ist. Die wahre Kunst beginnt also bei der Rekrutierung der Panelisten, geht über deren laufende Betreuung und endet bei der Incentivierung, also der Entlohnung für die Teilnahme an Befragungen.

a) Rekrutierung von Panelisten:

Grundsätzlich gilt: Ein Online-Panel kann nur dann repräsentative Stichproben liefern, wenn Personen aus unterschiedlichen Bevölkerungsgruppen und -schichten im

Panel enthalten sind. Und das gelingt nur, wenn auf möglichst vielen unterschiedlichen Wegen Teilnehmer rekrutiert werden. Manche Bevölkerungsgruppen suchen über unterschiedliche Suchmaschinen nach Online-Panels, andere reagieren auf Online-Anzeigen, wieder andere lassen sich durch Freunde und Bekannte werben, andere werden in persönlichen Interviews überzeugt, dem Online-Panel beizutreten. Unterschiedliche Eintrittswege in das Panel eröffnen Zugang zu unterschiedlichen Personengruppen und ermöglichen repräsentative Stichproben.

Zudem müssen auch Personen, die sich auf der Jagd nach Gutscheinen mehrfach unter unterschiedlichen Namen anmelden, aussortiert werden, damit Befragungsergebnisse nicht verfälscht werden. Rekrutierung und Panel-Pflege sind aufwändige Tätigkeiten, die viel Erfahrung erfordern und oft unterschätzt werden.

b) Incentivierung von Panelisten:

Das Incentive-Programm zur Entlohnung der Befragten darf nicht an bestimmte Interessen gebunden sein (wie z. B. Gutscheine für ein Fitness-Center oder einen Theaterbesuch), sondern muss „neutral" sein, damit das Panel insgesamt repräsentativ bleibt. Üblicherweise bekommen die Befragten Gutscheine oder Bargeld. Bei der Betreuung der Panelisten muss der Marktforscher grundsätzlich darauf achten, dass bestimmte Bevölkerungsschichten nicht abgeschreckt oder ausgeschlossen werden.

38 Wann wird eine Telefonbefragung gemacht?

Das Erkenntnisinteresse definiert die Methode, sagt das Lehrbuch. Doch die reine Lehre ist in Zeiten von Selektivitäten – bestimmte Verfahren begünstigen bestimmte Bevölkerungssegmente oder schließen andere aus – ein Luxus, den man sich nicht mehr leisten kann. Deswegen kommt es in der Praxis immer häufiger vor, dass Erhebungsmethoden in einer und derselben Studie gemixt werden.

Die reine Telefonumfrage ist trotzdem seit vielen Jahren ein Standardprodukt. Kurz: Es ist eine im Vergleich zur Face-to-Face-Befragung schnell einsetzbare, kostengünstigere Variante, wenn man ein großes Sample über eine größere Region hinweg erreichen will. Mit dieser Methode, wie mit jeder interviewerbasierten Methode, lässt sich relativ gut sicherstellen, dass jene Zielperson im Haushalt erreicht wird, die für die jeweilige Befragung gesucht wird (z. B. die haushaltsführende Person oder jene, die für die Anschaffung von IT zuständig ist oder Ähnliches). Zudem können am Telefon auch Verständnisprobleme bei Fragen oder Antworten durch den Interviewer schnell gelöst werden. Ein gut geschulter Interviewer ist ein Garant für Qualität in der Abwicklung einer Befragung.

Schwierig bis unmöglich wird es für den Meinungsforscher bei Telefoninterviews, wenn Fotos, Sujets, Flugblätter oder sonstige visuelle Elemente von den Befragten bewertet werden sollen. In diesem Fall muss man auf eine persönliche oder Online-Befragung umstellen.

 ## Gehört der Online-Marktforschung die Zukunft?

Laut AIM (Austrian Internet Monitor, 3. Quartal 2016) nutzen 84 % der Österreicher das Internet. Das heißt aber nicht unbedingt, dass man über dieses Medium auch einen repräsentativen Querschnitt der Bevölkerung erreicht, denn:

Während es unter den Unter-40-Jährigen 98 % Internetnutzer sind, unter den 40- bis Unter-60-Jährigen immer noch rund 90 %, liegt der Anteil der Internetnutzer unter den Über-60-Jährigen bei 56 %. Immerhin nutzen noch etwa 41 % der Über-70-Jährigen das Internet, allerdings lässt sich bei der Panel-Erstellung sehen, dass diese Altersgruppe das Internet sehr selektiv nützt. Aber inwieweit geben etwa Über-70-Jährige am Telefon Auskunft z. B. über ihre Haushaltsausgaben?

Das Problem der Erreichbarkeit bestimmter Zielgruppen ist ein methodenübergreifendes; als Meinungsforscher hat man gelernt, mit diesen Problemstellungen umzugehen. Für das Internet spricht, dass die Internetdurchdringung auch in den älteren Zielgruppen immer höher wird, die Problematik entschärft sich also mit der Zeit automatisch.

Außerdem ermöglichen neue Technologien viele neue Forschungsansätze in der Marktforschung, die vor Jahren noch undenkbar gewesen wären. Zum Beispiel können mittlerweile über Computerkameras oder auch andere Systeme Emotionen vermessen werden. Bei Tracking-Studien, wie zum Beispiel Mitarbeiterbefragungen, kann auf Knopfdruck online reportet, also ein Zwischenbericht geliefert werden. Die Virtual Reality steht in der Marktforschung bereits in den Startlöchern. Marktforschung in virtuellen Welten eröffnet ungeahnte Möglichkeiten. Zum Beispiel kann der klassische „Regaltest" bei den Probanden daheim durchgeführt werden. Tests mit neuen Produkten sind so unter völlig neuen Rahmenbedingungen möglich. Aber auch die traditionellen Methoden, wie persönliche oder Telefonbefragungen, werden nicht aussterben, sondern sich in Zukunft gegenseitig ergänzen.

Fragebogen und Fragestellung

 Wie werden Fragebögen erstellt?

Die Erstellung eines Fragebogens resultiert aus einem bestimmten Informationsbedarf eines Auftraggebers. Dieser Informationsbedarf wird oft gemeinsam mit dem Auftraggeber „erarbeitet". Mithilfe einer Umfrage will sich das Unternehmen Klarheit über bestimmte Fragen zum Beispiel zum Marktgeschehen, zum Image, zur Kundenansprache oder der Werbung verschaffen. Vom Marktforschungsinstitut wird nach Auftragserteilung ein erster Vorschlag zu einem Fragebogen erstellt, in dem schon sehr viel Know-how und Arbeit stecken. Auf Basis des ersten Entwurfs werden Optimierungen und Adaptierungen gemeinsam mit dem Kunden vorgenommen. Es geht um genaue und neutrale Formulierungen, Vollständigkeit von Fragen und Antwortmöglichkeiten sowie einen logischen Fragebogenablauf, um nur die wesentlichen Aspekte zu nennen. Oft braucht der Marktforscher die Hilfe des Auftraggebers: Wer sind die Hauptkonkurrenten? In welchen Medien wurde Werbung geschaltet? Dies könnten die Fragen sein, die der Auftraggeber beantworten muss. Hier ist eine gute und vertrauensvolle

Abstimmung zwischen Kunde und Institut von enormer Wichtigkeit für das Gelingen des Projektes.

Ablauf Fragebogenentwicklung:
» Spezifikation des konkreten Informationsbedarfs
» Festlegung der adäquaten Erhebungsart
» Festlegung der konkreten Erhebungsinhalte
» Formulierung von Fragen/Antworten/Beobachtungsdimensionen
» Fragenreihung, Didaktik, Berücksichtigung etwaiger wechselseitiger Beeinflussung
» Formale Gestaltung
» Pretest
» Korrektur/Adaptierung
» Freigabe durch den Kunden oder Auftraggeber

Grundregeln der Fragebogenerstellung:
» Keep it simple!
» Klare Anweisungen, die durch den Fragebogen leiten (Online: für die Befragten; Face-to-Face und Telefon: für die Interviewer)
» In welchem Ausmaß können oder wollen die Respondenten die Fragen beantworten?
» Fragebogen in der „Sprache" der Befragten; verständliche Wortwahl
» Nur ein Thema pro Frage – keine Vermischungen, keine vagen und mehrdeutigen Formulierungen, z. B. „Sind Sie mit Farbe und Geschmack des Getränks zufrieden?"

» Klare und strukturierte Antwortmöglichkeiten; ausgewogene Antwortcodes
» Keine Suggestivfragen
» Achtung mit Fragen, die soziale Erwünschtheit erwarten lassen
» Nicht hypothetisch oder zu weit zukunftsorientiert
» Berücksichtigung der Erhebungsmethode (ein Webfragebogen sieht völlig anders aus als ein Face-to-Face- oder ein Telefonfragebogen!)

Ein Fragebogen beginnt nicht mit heiklen Fragen oder dem Kernthema (z. B. würde man nicht mit der „Sonntagsfrage", also der Frage nach dem Wahlverhalten, beginnen), es gibt immer einen „Eisbrecherteil", der auf das Thema einstimmt und von allen Respondenten einfach zu beantworten ist. Fragen, die sehr ins Persönliche gehen, stellt man erst am Ende des Interviews, um frühe Abbrüche von Interviews zu verhindern.

Regeln der Fragenreihung und Fragebogengestaltung:

» Beginn mit Eisbrecherfragen zur Annäherung an das Thema (Warm-up)
» Vom Allgemeinen zum Spezifischen
» Ungestützte Fragen immer vor gestützten
» Logische Reihenfolge (roter Faden)
» Abwechslungsreiche Fragebogengestaltung
» Ausstrahlungseffekte und Beeinflussung vermeiden
» Filterfragen sorgfältig überlegen

» Sensible Fragen und Fragen zur Person ans Ende des Fragebogens (außer Fragen für die Quotensteuerung)

 ## Wie lautet die ideale Fragestellung?

Es gibt für jeden Informationsbedarf die „bessere" Fragestellung. Das bedeutet auf der anderen Seite, dass die Gefahr einer falschen Fragestellung groß ist. Es ist möglich, dass die Fragestellung entweder nicht das misst, was man messen möchte, oder auch in einer suggestiven Form etwas misst, das zwar in die richtige Richtung geht, aber nicht objektiv ist. Oder die Fragestellung ist unvollständig, sie beinhaltet nicht alle Informationen, die ein Respondent zur Bewertung eines Sachverhaltes braucht. Lautet die Frage: „Sind Sie für den Bau einer Umfahrungsstraße?", wird jeder mit ja antworten. Lautet sie aber: „Sind Sie für den Bau einer Umfahrungsstraße, auch wenn dadurch der Kindergarten verlegt werden muss?", dann wird das Ergebnis ganz anders aussehen.

Mit einer entsprechenden Fragestellung kann, wie gerade beschrieben, ein Ergebnis manipuliert werden: Je nachdem, wofür man ein Ergebnis verwenden möchte, formuliert man die entsprechenden Fragen. Ist der Bürgermeister oder die Partei für eine Umfahrungsstraße, werden sie die Kosten und andere Konsequenzen in der Fragestellung weglassen wollen. Die Opposition hingegen wird viele kritische Punkte in die Fragestellung aufnehmen wollen. Die Herausforderung für den Marktforscher ist es, immer objektiv zu bleiben und keine Manipulationen zuzulassen, denn: Ein Marktforschungsergebnis soll die Meinung der Bevölkerung wiedergeben und als objektive Entscheidungsgrundlage genutzt werden können. Als Forscher muss man dafür sorgen, dass alle relevanten Informationen zur Bewertung eines Sachverhalts wirklich in der Fragestellung enthalten sind.

Ein absolutes No-Go ist die Frage: „Die meisten Menschen/Experten glauben, dass ... – Was ist Ihre Meinung?" Was spricht hier dagegen: Der Befragte will sich fast immer der Mehrheit anschließen und dazugehören, es gibt nur einen sehr kleinen Teil der Menschen, die in Opposition gehen. Objektivität steht bei der Fragestellung über allem.

Ein weiterer Aspekt, der berücksichtigt werden muss, ist das Faktum, dass Befragte nicht kreativ sind. Der Forscher kann den Probanden fragen, welches von zwei Produkten, Logos etc. ihm besser gefällt. Aber zu fragen: „Wie hätten Sie es gerne?", wird in den meisten Fällen, wenn nicht Experten befragt werden, kein Ergebnis bringen. Noch einmal Henry Ford: „Wenn ich die Leute gefragt hätte, was sie wollen, hätten sie gesagt: schnellere Pferde." Es müssen also bereits ganz konkrete Vorschläge für neue Produkte und Dienstleistungen vorliegen, um diese abfragen zu können.

Auch den Kontext darf man in der Befragung nicht vergessen.

Beispiel:

Ein Kosmetikproduzent will die Farbe der Tuben von Rot auf Rosa für Frauen und Blau für Männer ändern. Wenn man einem Kunden zeigt, dass die neue Linie einer Kosmetikmarke für Frauen jetzt rosa wird und die für Männer blau, dann wird er zustimmen. Allerdings steht der Befragte in dieser Situation nicht im Supermarkt und hat das riesige Kosmetikregal vor Augen, in dem er nun seine Kosmetikprodukte nicht mehr wie gewohnt findet, weil er bis jetzt immer rote Tuben gesucht hat. Die Gefahr der Entkontextualisierung, also einer Laborsituation, ist bei Umfragen sehr groß. Daher sollte alles getan werden, um den Kontext zu berücksichtigen und die Befragten möglichst innerhalb dieses Kontextes zu befragen.

Fragetechniken:

GESCHLOSSENE FRAGEN

» Dichotome Frage/Alternativfrage = Einfachnennung
 – Bevorzugen Sie Produkt A oder Produkt B?
 Eine neutrale Fassung beinhaltet auch die Antwortmöglichkeit: weiß nicht/nutze das Produkt nicht
» Beispiel Mehrfachauswahl mit unbegrenzter oder begrenzter Anzahl an Nennungen
 – Welche der folgenden Gründe sprechen für Produkt B?
 – Begrenzt: Geben Sie max. 3 Kriterien an, die aus Ihrer Sicht für Produkt B sprechen!

Vorteile:

» Verständlich, einfach, Auswertung und Analyse deutlich

Nachteile:

» Sachverhalte werden simplifiziert
» Man erhält nur die angeführten Antworten

Vorsicht bei Fragebogenerstellung: Sind die Antwortmöglichkeiten ausreichend/komplett?

OFFENE FRAGEN

Werden meist verwendet, wenn die Antwortmöglichkeiten unbekannt sind oder wenn eine kausale Begründung gewünscht wird.

» Bei interviewergestützten Befragungen können möglich Antworten vorcodiert sein: Was denken Sie über …? Warum bevorzugen Sie Marke X? Welche Anbieter von … kennen Sie?

Vorteile:

» Vollständigkeit von Antworten
» Eigene Worte der Befragten (Repräsentanz)

Nachteile:

» Wenn nicht vorcodiert: aufwändige Codierung – oft geringe Antwortquote
» Verzerrungen durch Interviewer bei F2F und Telefonumfragen

» Befragte, die sich artikulieren können, haben mehr Gewicht

MATRIXFRAGEN

Beispiel:
Welche Aussagen treffen auf ... zu?

	Sehr	Etwas	Wenig	Nicht	K. A.
Innovativ	1	2	3	4	5
Seriös	1	2	3	4	5
Jugendlich	1	2	3	4	5

Vorteile:
» Klar
» Verständlich
» Einfach zu beantworten

Nachteile:
» Zu viele Variable ermüden den Befragten (max. je nach Methode 12 bis 20)
» Eintönigkeit bei Beantwortung

Um in einer Matrixfrage ausgewogene Ergebnisse für alle Kriterien zu erzielen, werden die Items rotiert, das heißt in abwechselnder, durchmischter Abfolge abgefragt, denn: Zu Beginn und am Ende einer sogenannten Itembatterie sind die Befragten aufmerksamer und urteilen eventuell anders als in der Mitte der Itembatterie. Außerdem können sogenannte „Kontrollitems" eingebaut werden, um die Aufmerksamkeit der Respondenten zu überprüfen (z. B.: Bitte geben Sie hier „4" an). Es gibt viele unterschiedliche Kontrollmethoden, um Personen, die sich einfach durch eine solche Itembatterie durchklicken, zu identifizieren und aus der Auswertung auszuschließen.

SKALENFRAGEN, „SCHULNOTENSKALA"

Beispiel – oft als Matrixfrage:

Wie beurteilen Sie PolitikerIn XY hinsichtlich der folgenden Eigenschaften und insgesamt?

	Sehr gut	Gut	Befriedigend	Genügend	Nicht genügend
Seriös	1	2	3	4	5
Jugendlich	1	2	3	4	5
Insgesamt	1	2	3	4	5

Vorteile:
- » Bekannt
- » Klar
- » Verständlich
- » Einfach für Befragte

Nachteile:
- » Tendenz zur Mitte oder zu den Extremen!
- » Achtung auf länderspezifischen Kontext (Schulnotenskalen sehr unterschiedlich!)

㊷ Gerade vs. ungerade: Welche Skala ist die richtige?

Hier scheiden sich die Geister. Ob die beste Skala eine fünf- oder siebenstufige Skala ist, die eine objektive Mitte anbietet, wie eine Schulnotenskala, oder ob man noch eine sechste Kategorie dazunimmt und sich die Skala dadurch in eine positive und eine negative Richtung teilt, darüber gehen die Meinungen auseinander. Außerdem wird die Frage nach der Zahl der Antwortpunkte einer Skala heftig diskutiert: Sind 5 Punkte ausreichend oder zu vereinfachend? Sind 10 Antwortpunkte zu viel?

Grundsätzlich muss aber beachtet werden: Was für Fragestellungen gilt, gilt genauso für Antwortkategorien. Antwortkategorien sind mit großer Vorsicht auszuwählen, denn auch so kann das Ergebnis gesteuert werden. Es geht ebenfalls darum, die Kategorien in der Sprache und im Verständnis der Befragten auszuwählen und dies in einer ausgewogenen Struktur zu tun. Die klassische, korrekte Skala geht immer von zwei Extremen, die gleichwertig sind, aus, z. B. „ganz sicher" und „ganz sicher nicht". Man darf keine Skala verwenden, in der es heißt: „ganz sicher", „eher" und „eher nicht". Hier kann man zu keinem Ergebnis kommen, das eine objektive Sichtweise bringt, weil zwei positive Antwortmöglichkeiten geboten werden und eine etwas negativere Antwortmöglichkeit.

Es ist ganz wichtig, dass es gleichwertige Extreme gibt:
» Bei Häufigkeitsfragen: „sehr häufig" bis „nie"

» Bei Zustimmungsfragen: „voll und ganz" bis „überhaupt nicht"

Eine Tendenz darf weder in eine positive noch in eine negative Richtung gefördert werden, denn das führt nicht zu einem ausgewogenen, validen und objektiven Ergebnis. Soll eine Studie auch medial verwendet werden, dann muss bereits bei der Fragestellung berücksichtigt werden, wie ein mögliches Ergebnis grafisch einfach und verständlich aufbereitet werden könnte. Hier ist eine gerade Skala, die es erlaubt ein Plus/Minus-Ergebnis darzustellen, einfacher. Eine Schulnotenskala, bei der ein Mittelwert berechnet wird, ist hier vielleicht weniger verständlich und nicht so einfach zu kommunizieren. Für einen Leser ist es einfacher zu verstehen, wenn 44 % der Leute für etwas und 56 % dagegen sind.

Ein ganz wichtiger Punkt ist auch, wie man mit Antwortverweigerungen umgeht. Wird das akzeptiert? Biete ich die Möglichkeit: „keine Angaben/weiß nicht" an? Das ist besonders wichtig, wenn es um politische oder um persönliche Fragestellungen geht. So wird der Befragte nicht gezwungen etwas zu beantworten, wenn er es nicht möchte oder möglicherweise auch nicht kann. Der Umgang mit Antwortverweigerern und Befragten, die eine Antwort eventuell nicht wissen, ist bei jeder einzelnen Frage gut zu überlegen.

Viele Institute geben die Antwortmöglichkeit „ich weiß nicht/keine Angaben" vor. Man gibt hier beide Antwortmöglichkeiten „in einen Topf", da es wenig Sinn macht sie zu unterscheiden. Jemand, der etwas nicht weiß, möchte das nicht zugeben und gibt daher „keine Angaben" an. Deshalb ist es der sinnvollere Weg, diese beiden Kategorien nicht zu trennen.

Gerade bei den Formulierungen muss man aufpassen, dass man die Befragten nicht kränkt oder bloßstellt. Das kann man durch eine gut gewählte Formulierung umgehen. Oft macht nur ein Wort den Unterschied aus, ob eine Frage objektiv und beantwortbar wird.

 ### Ungestützte (spontane) vs. gestützte Bekanntheit: Was ist der Unterschied?

Eine Imageuntersuchung beginnt meistens mit der Frage zur Bekanntheit eines Unternehmens oder einer Marke, denn zuerst muss man wissen, wer den Untersuchungsgegenstand überhaupt kennt. Das kann ungestützt oder gestützt erhoben werden.

» Wenn der Proband gefragt wird, welche Versicherungsunternehmen er kennt, fallen ihm spontan einige Namen ein. Er wird bei der Beantwortung der Frage aber nicht vom Interviewer unterstützt. Der Fragebogen bietet von sich aus keine Antwortmöglichkeiten an. Die Frage ist also ungestützt.

» Sind die Namen der österreichischen Versicherungsunternehmen im Fragebogen angegeben oder sie werden vom Interviewer vorgelesen und der Befragte muss nur ankreuzen bzw. angeben, ob er das Unternehmen x kennt, dann ist dies eine gestützte Frage.

Bei einer Telefonumfrage liest der Interviewer in rotierender Reihenfolge die Antwortmöglichkeiten vor. Bei der Webbefragung werden die Items ebenso rotiert vorgezeigt. Viele Fragestellungen, z. B. zum Image eines Unternehmens, bei denen 20 Items abgefragt werden, passieren in rotierender Abfolge. Die Aufmerksamkeit der Respondenten lässt irgendwann nach. Sie ist am Anfang und am Ende einer Befragung höher als in der Mitte einer Befragung. Bei einer Itembatterie mit bis zu 20 Items ergeben sich oft Ankreuzmuster. Es gibt Leute, die nur in der Mitte antworten. Durch das Rotieren der Antwortmöglichkeiten vermeidet man, dass sich solche Muster niederschlagen. Man kann dazwischen auch Kontrollfragen einschieben, bei denen der Befragte aus nur drei Antwortmöglichkeiten wählen muss. Wenn dann genauso die Option „1" angekreuzt wird wie bei den anderen Fragen, muss man das Interview eliminieren.

Hier kommen wir zu einem spezifischen Problem der Online-Marktforschung. Manchmal werden die Fragen nicht ernst genommen, sie werden nicht verstanden, oder jemand hat sich beim Beantworten einen Spaß gemacht. Erkennt man das an den Antworten oder am Antwortmuster, dann muss man das Interview eliminieren. Es gibt aber auch Systeme, die das Antwortverhalten messen und überprüfen. Dazu zählt z. B. die Interviewdauer. Wenn diese zu stark von der durchschnittlichen

Interviewdauer abweicht, wird das Interview ebenfalls
eliminiert.

 ## Wie intensiv werden Projektleiter und Interviewer gebrieft?

Man arbeitet sich als Marktforscher grundsätzlich in jedes
Thema ein, kennt die Konkurrenzsituation und weiß natürlich etwas über das Unternehmen. Auch versucht man,
sich ein Bild der Kundenstruktur zu machen. Es ist aber sicher kein Nachteil, nicht allzu tief im Thema zu sein, denn
dadurch wird vermieden, dass man die Aufgabenstellung
zu eng betrachtet. Trotzdem ist es wesentlich zu wissen,
welche Informationen man vom Auftraggeber braucht, um
einen guten Fragebogen erstellen und die gesamte Studie
optimal abwickeln zu können, denn der Marktforscher
kann nicht in allen Branchen Spezialist sein. Die intensive
Abstimmung zwischen Auftraggeber und Marktforscher
ist ein Fixpunkt eines gelungenen Projekts.

Im Laufe eines Marktforscherlebens hat man in jede
Branche schon ein bisschen hineingeschnuppert. Der
Marktforscher ist meist kein tiefgehender Spezialist für
Branchen und Themen. Allerdings gibt es in Instituten
oft Spezialisten für einzelne Wirtschaftsbereiche, und
auch Institute haben manchmal einen eng definierten
Forschungsfokus.

Die Institutsmarktforscher schätzen jedoch die Diver-
sität und setzen sich gerne ständig mit neuen Themen

auseinander. Es kann für die Erstellung einer objektiven Erhebung und für die Interpretation auch besonders nützlich sein, wenn man Analogien zu anderen Branchen und Wirtschaftsbereichen ziehen kann.

Bei Informationen, die öffentlich zugänglich sind, setzt der Kunde meist voraus, dass der Forscher, mit dem er sich auf ein Studienprojekt einlässt, sich diese aktiv beschafft. Bevor es das Internet gab, war das deutlich komplizierter, da wusste jeder Forscher die Telefonnummer des Statistischen Zentralamts auswendig. Jeder hatte eine Reihe von Büchern und Nachschlagewerken, in denen man die für das Thema wichtigen Zahlen finden konnte. Die Basisinformationen muss sich der Forscher also aktiv selbst beschaffen, das signalisiert auch Kompetenz dem Kunden gegenüber. Meistens passiert die Informationsbeschaffung schon in der Angebotsphase, um ein valides Angebot erstellen zu können, außerdem wird damit bereits im Angebot signalisiert, dass man sich mit dem Thema beschäftigt hat – auch als Wertschätzung dem Kunden gegenüber.

Die Interviewer

Interviewer, egal ob für Befragungen am Telefon oder Face-to-Face, werden intensiv gebrieft. Sie bekommen vom Institut eine genaue Einschulung in die Thematik; Informationen über das Unternehmen/den Befragungsgegenstand, über den Sinn oder den Inhalt der Befragung werden weitergegeben. Auch warum die Fragen genau so formuliert sind, wie sie zu stellen sind, was bei jeder

Fragestellung wichtig ist, aber auch was auf keinen Fall gemacht werden darf, wird im Vorfeld diskutiert. Der Fragebogen wird Frage für Frage durchgegangen und erklärt, außerdem erhalten die Interviewer Handlungsanweisungen für den Umgang mit den potenziellen Befragten: Wie sollen sie auf Fragen des Befragten zum Thema Vorgangsweise, Anonymität, Auswertung und Verwaltung der Ergebnisse etc. reagieren?

Auch bei Online-Befragungen gibt es immer wieder Rückfragen der Probanden. Deshalb muss gewährleistet sein, dass das Institut für die Probanden erreichbar ist, um Fragen zu beantworten oder Probleme zu lösen, denn dies muss rasch und seriös ablaufen. Die Marktforschung lebt von ihrem Ruf. Wenn der Verdacht entstehen kann, dass mit den Daten Schindluder getrieben wird oder etwas nicht korrekt ist, wird es in Zukunft immer schwieriger werden, Interviewpartner zu finden.

 ## Wie lange darf eine Imagebatterie sein?

„Wenn Sie das Unternehmen XY bewerten, welche Imagekriterien treffen Ihrer Meinung nach zu?" In einem Fragebogen folgt nach dieser Frage eine Batterie von Antwortmöglichkeiten: von „aktiv" über „sympathisch" bis zu „innovativ", „freundliche Mitarbeiter", „hat einen guten Ruf", „ist international vertreten" oder „ist wichtig für Österreich". Die Liste wäre endlos. Eine Imagebatterie sollte aber nicht mehr als 15 bis 20 solcher

Aussagen beinhalten. Die Befragten sollen sich mit diesen Eigenschaften auch wirklich beschäftigen, damit man die Antworten dann auch interpretieren kann. Ist die Liste zu lang, wird es irgendwann redundant und irrelevant.

Die meisten Unternehmen haben schon Standard-Imagebatterien, die sie über Jahre entwickelt haben und die genau das messen, was für das Unternehmen relevant ist. Der Inhalt dieser Batterien ist natürlich branchenabhängig. Hier spielen auch die gesellschaftlichen Veränderungen eine große Rolle. Vor zwanzig Jahren gab es den Begriff „nachhaltig" in keiner Imagebatterie. Heute kann keine Imagebatterie mehr ohne diesen Begriff auskommen. Nachhaltig, biologisch, regional – das sind Schlagworte, die vor zwanzig Jahren kaum Bedeutung hatten, heute aber im Mittelpunkt stehen.

 Wie viel Umfrage verträgt der Mensch?

a) Wie lange darf ein Interview sein?

Aus der Sicht des Befragten kann es kaum kurz genug sein, aus der Sicht des Auftraggebers sind meist nicht einmal die wesentlichsten Fragen gestellt. Die Anzahl der gestellten Fragen hängt aber dennoch davon ab, was der Kunde wissen möchte und was eine Zielgruppe verträgt. Grundsätzlich gilt: Eine Online-Befragung ist mit 15 Minuten lange. Gut ist eine Dauer von höchstens 10 bis 12 Minuten. Es hängt jedoch auch von der Zielgruppe ab. Je höher das Interesse der Befragten an den Inhalten, desto unproblematischer sind längere Fragebögen. Bei der Befragung von Kunden und prospektiven Kunden sollten lange und mühsame Befragungen noch mehr vermieden werden, da diese Eindrücke auch auf die Reputation des Auftraggebers zurückfallen. Ein zehnminütiger Online-Fragebogen entspricht etwa 20 bis 25 einfachen Fragen, wobei Fragestellung nicht gleich Fragestellung ist. Wenn einfache, geschlossene Fragen abgefragt werden, ist es etwas anderes als eine Itembatterie, mit der das Image eines Unternehmens anhand von 20 Kriterien abgefragt wird.

Persönliche Befragungen dürfen länger dauern. Der Proband sitzt dem Interviewer gegenüber, dieser kann motivieren, er kann leiten, er kann die Person auch ein bisschen bei der Stange halten. Das funktioniert bei Telefonbefragungen weniger gut, denn da wird einfach aufgelegt, wenn es dem Befragten zu viel wird. In der Einleitung ist daher eine realistische Angabe zur Dauer des Interviews nicht nur ein Gebot der Höflichkeit, sondern vor allem eine wirksame Maßnahme zur Vermeidung von Abbrüchen.

Der Abbruch einer Telefonbefragung oder eines Onlinefragebogens kommt immer wieder vor. Institute kalkulieren meist mit einer Abbruchquote von rund fünf Prozent. Grundsätzlich ist diese aber stark von der Thematik abhängig. Bei Themen, die interessant und aktuell sind, ist die Abbruchquote viel geringer. Liegt die Abbruchquote deutlich über dem Schnitt, muss der Fragebogen einem Check unterworfen werden. Sind Fragen überfordernd, beleidigend oder unverständlich bzw. ist der Fragebogen zu lang, dann muss er umgehend justiert werden, um die Abbruchquote zu senken.

Abgebrochene Befragungen dürfen für eine Umfrage nicht verwendet werden, auch wenn schon mehr als zwei Drittel der Fragen beantwortet wurden. Meistens fehlen statistische Daten, die erst am Ende des Interviews abgefragt werden. Werden zu Beginn des Interviews statistische Merkmale wie Geschlecht, Alter, Bildung und Bundesland abgefragt (um die Struktur der Stichprobe kontrollieren zu können), folgen am Ende der Befragung Merkmale wie Beruf, Gemeindegröße und Haushaltsgröße. Wird vom Interviewten abgebrochen, fehlen diese Daten und man muss das Interview eliminieren.

b) Wie häufig darf man zu einer Umfrage eingeladen werden?

Die Frage nach der Befragungshäufigkeit stellt sich nicht nur bei Online-Studien. Auch für telefonische oder schriftliche Kundenbefragungen oder Mitarbeiterbefragungen ist der Faktor Umfragehäufigkeit hoch relevant. Im Durchschnitt werden die Respondenten (also z. B. in einem Online-Access-Panel verzeichnete Personen) nicht häufiger als zwei- bis dreimal im Monat zu einer Online-Umfrage eingeladen. Die Institute wollen keine Umfrageprofis. Jeder Befragte sollte möglichst „frisch" sein und unbeeinflusst an ein Thema herangehen. Grund: Umfrageprofis, die routiniert oder nach einem Muster Antworten ankreuzen, verfälschen das Ergebnis, und die Befragung kann damit unbrauchbar werden. Wird zu häufig zu einer Umfrage eingeladen, sinken auch die Aufmerksamkeit und das Interesse der Probanden.

 ## Wie wichtig ist die Anonymität bei Umfragen?

Die Anonymität bei Umfragen ist extrem wichtig. Es ist essenziell, dass die Leute keine Angst haben müssen, dass irgendetwas, das sie sagen, mit ihrem Namen in Verbindung gebracht wird. Das Thema Anonymität ist in der Marktforschung durch die sogenannten ESOMAR-Richtlinien[1] geregelt, weltweit gültige Richtlinien, die in der Marktforschung einzuhalten sind. Jeder Marktforscher, jedes Institut, das etwas auf sich hält, ist ESOMAR-Mitglied und akzeptiert mit dieser Mitgliedschaft die in den ESOMAR-Richtlinien festgelegten Regeln und Einschränkungen im Zuge der Befragung von Personen. Da ist auch das Thema Anonymität sehr klar geregelt. Jede Angabe eines Befragten darf nicht mit seinem Namen und seiner Adresse in Verbindung gebracht werden.

Besonders wichtig ist das Thema Anonymität im Bereich der Kunden- oder Mitarbeiterbefragungen. Können Kunden oder Mitarbeiter nicht darauf vertrauen, dass ihre Angaben anonym behandelt werden, dann werden viele Dinge gar nicht oder nicht ehrlich beantwortet werden. Letztendlich wird damit eine Umfrage

[1] http://www.vmoe.at/wp-content/uploads/2016/08/ICCESOMAR_Code_English_.pdf

unbrauchbar, denn Fragen wie die „Zufriedenheit mit den Vorgesetzten bzw. dem Arbeitsplatz" werden dann nicht die Realität widerspiegeln. Damit können aber auch Unstimmigkeiten in Konzernteilen nicht aufgedeckt und früher oder später zu einem echten Problem für das Unternehmen werden. Auch wenn Mitarbeiter einen Link zu einem Online-Fragebogen bekommen, wird die Zuordnung vom Befragungsinstitut nicht weitergegeben. Meistens werden in Kuverts Links verteilt, mit denen der Befragte dann einsteigen kann. Durch die fehlende Zuordenbarkeit ist die Anonymität dann wirklich gewährleistet.

Ausnahmen:

Bei der Einhaltung der Anonymitätsregeln kann es jedoch Ausnahmen geben, wenn der Respondent damit einverstanden ist. Das wird aus zwei Gründen gemacht. Zum einen kann bei Kundenbefragungen von den Unternehmen gefragt werden, ob der Kunde möchte, dass das Unternehmen mit ihm in Kontakt tritt, um bestimmte Probleme aus dem Weg zu räumen. Dann kann ein befragter Kunde ausdrücklich sagen, dass er das gut findet und er das auch will, und gibt Namen, Telefonnummer und Adresse an. Der zweite Fall wäre, wenn jemand an einem Gewinnspiel teilnehmen möchte. Es obliegt aber immer alleine dem Befragten, ob er seine Daten bekanntgibt oder nicht.

In der Marktforschung steht auch die Einverständniserklärung zur Aufhebung der Anonymität nicht im Kleingedruckten, sondern der Befragte muss sein ausdrückliches Einverständnis dazu geben.

 ### Gibt es Themen oder Gebiete, die nicht abgefragt werden können?

Es gibt auch Themen, die man kaum realitätsnah erheben kann, dazu gehören z. B. die Themen Hygiene und Sex. Oder auch die Einstellung zu Verbrechen oder Gewalt. „Wie oft duschen Sie?" „Wie oft putzen Sie sich die Zähne?" Da bekommt man Antworten, von denen der Proband glaubt, dass sie so erwartet werden. Bei Fragen über Sex wird eher übertrieben. Wenn ein Kunde kommt und solche Themen abfragen möchte, muss man als Marktforscher klar sagen, dass dabei wenig Nützliches herauskommen wird. Wenn trotzdem darauf bestanden wird, die Umfrage durchzuführen, dann muss das bei der Interpretation berücksichtigt werden; der Forscher weist z. B. mit den Worten: Achtung, diese Antworten sind mit Vorsicht zu interpretieren, da sie dem Phänomen des sozial erwünschten Antwortverhaltens unterliegen, deutlich auf die Problematik hin. Meist sind aber auch die Angaben in sich selbst widersprüchlich und geben damit eine Indikation der Richtung der Verfälschung. (Wie oft duschen Sie? Wie häufig kaufen Sie Duschgel?)

Wie zuverlässig sind die Antworten der Probanden?

Das Phänomen des sozial erwünschten Antwortverhaltens ist für Marktforscher eine echte Herausforderung. Bereits bei der Fragestellung muss diese Problematik berücksichtigt werden, mit guten Formulierungen lässt sich viel verhindern.

Zum Beispiel will jeder Mensch als interessiert und informiert wahrgenommen werden. Lautet nun die Frage: „Wissen Sie über die Vorgänge rund um die amerikanische Präsidentschaftswahl Bescheid?", und der Forscher gibt als Antwortmöglichkeit ja/nein vor, dann wird der Marktforscher mehr Ja-Stimmen bekommen, als es der Realität entspricht. Wenn ich die Antwortmöglichkeiten so formuliere, dass es heißt „Ja, damit beschäftige ich mich intensiv", „Ja, damit beschäftige ich mich, es ist mir aber nicht so wichtig", „Nein, damit beschäftige ich mich nicht", dann wird das Ergebnis differenzierter und ehrlicher ausfallen. In den interviewergestützten Methoden sind die demografischen Eigenschaften der Interviewer eine wesentliche Einflussgröße. Eine Studie, in der ausschließlich männliche Interviewer zur Frage des Pensionsantrittsalters von Frauen eingesetzt werden, liefert andere Ergebnisse als eine Studie, in der auch Frauen interviewen. Ähnlich problematisch wäre es in diesem Fall, wenn die Interviewer alle unter dreißig Jahre alt wären – oder alle über vierzig!

Analysen und Reporting

 Welche Analysemöglichkeiten gibt es und was können diese?

Die Analysemethode wird im Angebot auf Basis der Kundenbedürfnisse, besser aber noch auf Basis der Erkenntnisinteressen definiert. Der Kunde erläutert, was er durch die Untersuchung (meist Befragung) herausfinden will, und der Marktforscher schlägt eine dafür passende Methodik vor. Mit den geeigneten Analyseverfahren lassen sich wertvolle Zusatzinformationen aus den gesammelten Daten gewinnen, unbekannte Zusammenhänge aufdecken und Prognosen ableiten. Die häufigste Analysemethode ist die „Univariate Analyse", also eine normale „Auszählung" von Einzelergebnissen in Absolutzahlen oder in Prozentangaben. Dem gegenüber stehen multivariate Analyseverfahren, die aber aufgrund der höheren Kosten und der großen Komplexität eher selten von den Kunden gewünscht werden. Eigentlich schade, denn oft lassen erst komplexere Auswertungen, die die Beziehungen mehrerer Ergebnisse zueinander und die Abhängigkeiten von Ergebnissen untereinander zu Tage fördern, den Forschungsgegenstand richtig klar erscheinen. Und die Mehrkosten sind in der Regel deutlich geringer als der zusätzliche Erkenntnisgewinn.

Die Analyseverfahren im Überblick

UNIVARIATE ANALYSE

Bei univariaten Analysen wird nur eine Variable betrachtet. Sie dienen vor allem dazu, einen Überblick über die Verteilung von Merkmalsausprägungen oder statistischen Kennwerten zu liefern. Im Kern geht es bei den univariaten Analysen um einfache Häufigkeitszählungen und Prozentauswertungen: 40% der Frauen sind der Meinung A.

Beispiel eines Tabellenbandes:

Die Spalten enthalten die einzelnen Antwortmöglichkeiten, die Zeilen die Werte für die Gesamtstichprobe mit n = 1.000 Fällen und darunter die Werte für die

Frage 3: Bitte bewerten Sie folgende Aussagen. –
Mir ist wichtig, dass mir mein Job Spaß macht.

Tabellenband

	GESAMT	1=stimme voll und ganz zu	2=stimme eher zu	3=teils/teils	4=stimme eher nicht zu	5=stimme überhaupt nicht zu	weiß nicht/keine Angabe	Mittelwert
TOTAL								
	1.000	40%	43%	13%	2%	1%	0%	1,8
Geschlecht								
männlich	503	36%	45%	16%	3%	1%	0%	1,9
weiblich	497	45%	42%	11%	2%	1%	0%	1,7
Alter								
18-29	188	44%	45%	11%	1%	0%	0%	1,7
30-39	222	39%	48%	12%	1%	1%	0%	1,8
40-49	286	44%	41%	11%	3%	1%	0%	1,8
50 und älter	304	36%	42%	18%	3%	1%	0%	1,9

Quelle: meinungsraum.at Online MarktforschungsgmbH

unterschiedlichen Gruppen (Breaks), wobei signifikante, also statistisch relevante Unterschiede grau unterlegt sind.

MULTIVARIATE ANALYSE

Mit statistischen Methoden werden in den Datensätzen Zusammenhänge und Querverbindungen gesucht. Wichtig bei allen multivariaten Methoden ist, dass bereits bei der Erhebung auch die Auswertung nach der jeweiligen Methode mitberücksichtigt wird. Die Vorteile multivariater Analysen sind überzeugend: Es können Gruppen identifiziert werden, die nicht gleich ins Auge stechen und aus dem Rahmen der üblichen Betrachtung fallen. So werden zum Beispiel ganz neue Zielgruppen identifiziert. Zudem lassen sich Segmentierungen vornehmen. Das bedeutet, Befragte können in Gruppen mit bestimmten Interessen, Verhaltensweisen und auch sonstigen Merkmalen eingeteilt werden. Man verlässt also mit dieser Methode die klassische Idee einer Zielgruppensegmentierung nach Alter, Geschlecht etc. und kann ganz neue Segmente entdecken, die auch über einheitliche Werbung besser und pointierter ansprechbar sind.

Die in der Praxis üblichsten Methoden sind neben der Segmentierung die Clusteranalyse und die Faktorenanalyse, also die Verfahren zur Identifikation von Strukturen. Regressions-, Varianzanalyse oder Diskriminanzanalyse werden eingesetzt, wenn die Einflüsse unterschiedlicher Aspekte auf ein bestimmtes Verhalten oder eine Einstellung untersucht werden sollen. Diese Verfahren zur

Überprüfung von Strukturen setzen eine Annahme zu den Zusammenhängen (Hypothese) voraus.

FAKTORENANALYSE

Man versucht Themengruppen zu identifizieren, die etwas gemein haben aber etwas anders strukturiert sind, als man normalerweise denkt.

Beispiel:

Probanden werden zu rund 50 politischen Themen befragt und sollen diese nach Wichtigkeit und Relevanz beurteilen. Es geht um Themen aus dem Bereich der Gesundheit, der inneren Sicherheit und so weiter. Nun wird versucht klassische Strukturen aufzubrechen und die Ergebnisse nicht wieder den Themen Gesundheit oder Innere Sicherheit zuzuordnen, sondern bei einer Faktorenanalyse werden Metathemen identifiziert. Die Frage ist zum Beispiel nicht: Was ist das Metathema zum Thema Gesundheit, denn das ist Gesundheit, sondern die Faktorenanalyse kann zu dem Ergebnis kommen, dass das Metathema, zu dem Gesundheit „passt", „gesellschaftliche Freiheit ist". Daraus ergibt sich wieder eine andere Ansprache der Zielgruppen und in letzter Konsequenz eine andere Politik.

In diesem Beispiel aus dem Lebensmitteleinkauf wurden unterschiedliche Kriterien, deren Wichtigkeit erhoben wurde, auf eine kleine Zahl an „Wichtigkeitsfaktoren" reduziert.

Faktorenanalyse

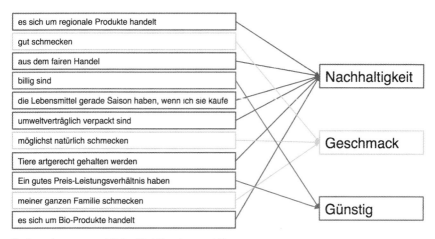

Quelle: meinungsraum.at Online MarktforschungsgmbH

CLUSTERANALYSEN

Hier geht es darum, abseits der normalen Zielgruppen-systematik (Alter, Geschlecht, Einkommen, Berufsgruppen) neue Zielgruppen zu identifizieren und dadurch neue Märkte zu eröffnen. Mittels Clusteranalyse lassen sich diese Strukturen aufbrechen und neue Zusammenhänge der einzelnen Gruppen finden. Es wird nach Gruppen gesucht, die bestimmte Bedürfnisse antreiben, wo sich der Zusammenhang nicht über die klassischen Einteilungen (meist soziodemografische Merkmale) lokalisieren lässt.

Gibt es Handynutzer, die sehr preissensitiv sind, aber trotzdem immer nur das Topmodell haben wollen? Beziehungsweise welche Gruppe will nur das beste Handy, und gleichzeitig spielt der Preis nur eine untergeordnete

Clusteranalyse

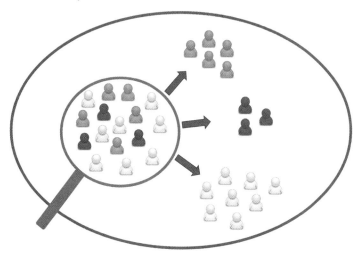

Quelle: meinungsraum.at Online MarktforschungsgmbH,
Quelle der Figuren: Wikipedia, gnome-stock person.svg
(Link: https://de.wikipedia.org/wiki/Datei:Gnome-stock_person.svg)

Rolle? Sind die neuen lokalisierten Gruppen groß genug, kann ein Mobilfunkanbieter dafür sogar ein eigenes Tarifmodell entwickeln. Zudem kann man dabei herausfinden, wie man diese Zielgruppen am besten erreicht (online oder offline, über welche Medien) und gleichzeitig das Marketing für die jeweiligen neu definierten Gruppen optimieren. Wichtig bei Clusteranalysen ist, dass man Zielgruppen definiert, die auch nachhaltig sind. Werden zu kurzlebige Kriterien definiert, verliert die so identifizierte Gruppe schon nach kurzer Zeit ihre Bedeutung.

Die Beschreibung von Haushaltstypen und deren gemeinsamen Interessen – abseits von beispielsweise

Berufstätigkeit und Anzahl der Kinder im Haushalt – kann für unterschiedliche Marktteilnehmer sehr aufschlussreich sein: Wohnen im Einfamilienhaus und Interesse an Fitnesssport und/oder Grillen könnten in hohem Ausmaß miteinander korrelieren – diese Information birgt nützliche Informationen für jede Marketingstrategie.

REGRESSIONSANALYSE

Bei dieser Methode geht es darum, durch kausale Zusammenhänge bestimmte Entscheidungen herauszufiltern. Welche Emotionen, welch innerer Motor ist für bestimmte Entscheidungen der Kunden oder auch Wähler verantwortlich? Die Kunst besteht darin, dies nicht in einer direkten, sondern einer indirekten Befragung herauszufinden. Grund: Im Rahmen einer direkten Befragung wäre das Ergebnis durch Werbung oder auch andere Faktoren verfälscht und damit unbrauchbar. Über die Regressionsanalyse lässt sich rechnerisch belegen, was zum Beispiel bei einer politischen Partei bei Wählern Vertrauen, aber auch Misstrauen auslöst.

Die Regressionsanalyse ist im Bereich Handel, Telekommunikation oder auch Finanzdienstleistungen sehr beliebt und kommt hier häufig zum Einsatz.

Einige Anwendungsbeispiele:
>> Welchen Einfluss haben die Erwartungen eines Wählers an eine politische Partei auf die Wahlabsicht?
>> Welchen Einfluss hat die Zufriedenheit mit einzelnen

Teilbereichen wie Einkommen, Führung, Tätigkeit, Arbeitsplatz etc. auf die gesamte Mitarbeiterzufriedenheit?

» Welchen Einfluss haben die Kriterien Preis, Qualität, Verfügbarkeit, Service, Erfahrung etc. auf die Kaufwahrscheinlichkeit eines Produkts?

Kundenzufriedenheit ist ein gutes Beispiel für die Schönheiten strukturprüfender Verfahren: Wenn aus einer Menge von Kundenerfahrungen mit einem Anbieter ein oder zwei identifiziert werden können, die die Kaufbereitschaft oder die Weiterempfehlung entscheidend beeinflussen, wird das Design der künftigen Customer-Journey um einiges klarer.

Regressionsanalyse

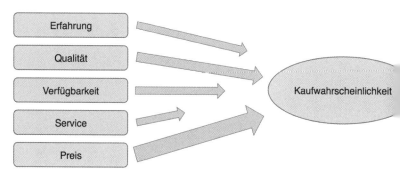

Quelle: meinungsraum.at Online MarktforschungsgmbH

Wie viel Bericht verträgt der Vorstand?

Üblicherweise liefert ein Marktforschungsinstitut auf der einen Seite einen Tabellenband an die Marktforscherin oder den Marktforscher im Unternehmen beziehungsweise an den jeweiligen Mitarbeiter im Marketing, der mit Marktforschungsaufgaben betraut ist. Der Tabellenband bietet sehr detaillierte Informationen und viele zusätzliche Möglichkeiten der Auswertung.

Zudem wird auf der anderen Seite ein Grafikband bereitgestellt, in dem die Kernergebnisse schon vereinfacht optisch dargestellt werden. Der Grafikband ist gewissermaßen das „Executive Summary" einer Studie. Gerade für Pressekonferenzen eignen sich die verkürzten grafischen Darstellungen, denn Medienvertreter sind meist nur an Kernergebnissen oft recht umfangreicher Studien interessiert. Auch für Vorstände ist meist der Grafikband mit den Kernergebnissen von Interesse, die Detailergebnisse können aber besonders für Spezialabteilungen in den jeweiligen Unternehmen große Relevanz haben. Und: Am Ende des Berichts sind die wirklichen Kernergebnisse oft nochmals auf einer Seite zusammengefasst – also quasi das „Résumé des Résumés".

Beispiel für eine grafische Darstellung der Ergebnisse:

„Wie leicht, glauben Sie, würden Sie wieder einen passenden Job finden?" 45% sind pessimistisch, Unter-30-Jährige bereits erstaunlich negativ

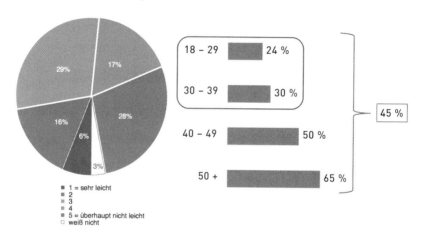

18 – 29	24 %
30 – 39	30 %
40 – 49	50 %
50 +	65 %

45 %

- 1 = sehr leicht
- 2
- 3
- 4
- 5 = überhaupt nicht leicht
- □ weiß nicht

Beispiel für die Darstellung der Kernergebnisse am Ende des Grafikberichts:

Fazit

1. Wohin geht die Reise?
- Die österreichischen ArbeitnehmerInnen sind zunehmend unsicher und blicken pessimistisch in die Zukunft
- Speziell der große Anteil der Unter-30-Jährigen mit negativer Perspektive ist überraschend
- Die Sorgen und Ängste („Wie sieht meine Zukunft aus?", „Werde ich wieder einen Job bekommen?") wirken sich auch auf die Arbeitszufriedenheit aus
→ (Noch) ist die Arbeitszufriedenheit sehr hoch ausgeprägt – die Frage: wie lange noch?

2. „Cultural fit" als Chance für Unternehmen
- Auf Unternehmensseite zeigen unterschiedliche Ansätze eine klare Botschaft
- Die Beziehungen am Arbeitsplatz, die ein Großteil der Kultur ausmachen, sind der wichtigste Faktor für die Arbeitszufriedenheit, vor der eigentlichen Tätigkeit oder dem Gehalt
→ Stärkerer Fokus auf „passt der/die MitarbeiterIn auch zu unserem Unternehmen?"
→ Passt das Unternehmen zu den Mitarbeitern?

Was erwarte ich vom Umfrageinstitut? Was muss definiert werden?

Grundsätzlich ist wichtig, dass von Kundenseite genau definiert wird, was die Ziele der jeweiligen Studie sind und welche Leistungen vom Marktforschungsinstitut erwartet werden. Weniger Freude haben die Forscher im Institut, wenn die Methode vorgeschrieben ist, da das Mantra „Methode folgt Erkenntnis" nicht ignoriert werden sollte.

Das Ziel definieren

Der Kunde sollte schon vor Beauftragung wissen, welche Leistungen er vom Marktforschungsinstitut erwartet. Zudem sollte eine möglichst klare Vorstellung über die zentrale Fragestellung bestehen. Gibt es nur eine sehr vage Idee von dem, was man im Rahmen einer Befragung herausfinden will, unterstützen erfahrene Marktforscher ihre Kunden in der Zieldefinition. Kunden sollten in jedem Fall die Beratungskompetenz der Marktforschungsinstitute in Anspruch nehmen, auch wenn sogar im Detail eine Vorstellung darüber besteht, was abgefragt werden sollte. Grund: Nicht jeder Fragensatz liefert immer eine Antwort auf die gewünschten Kernthemen, aber Marktforschungsprofis haben hier sehr viel Erfahrung, welche Methode und welche Fragen wirklich zum Ziel führen werden. Der Kunde sollte auch eine Vorstellung über das Budget haben, das er für die Befragung ausgeben will.

Als Faustregel gilt: Marktforschung darf höchstens so viel kosten, wie ein eventueller Fehler ohne Marktforschung kosten würde.

Gibt es bereits eine Studie, mit der ich die neuen Ergebnisse vergleichen möchte?
In einem Briefinggespräch sollte man herausfinden, ob der Kunde in der Vergangenheit bereits Studien in Auftrag gegeben hat. Wenn ja, wann und wie waren die Studien bisher ausgearbeitet? Das ist wichtig, um zum Beispiel Vergleiche ziehen zu können, denn hier sollte das Studiendesign bezüglich Stichprobe, Erhebungsmethode und auch Zeitraum vergleichbar sein. Nachträglich eine Studie mit einer älteren Umfrage vergleichbar zu machen ist meist schwierig, deshalb sollte schon vorher klar sein, ob man auf frühere Studien anderer Marktforschungs-institute reflektieren will.

Und wenn nicht die erwarteten Ergebnisse herauskommen?
Auftraggeber müssen sich bei Umfragen immer dessen bewusst sein, dass auch unbequeme Ergebnisse her-auskommen können. Doch Ziel einer seriösen Markt-forschung ist es nicht, Wunschergebnisse in Zahlen zu gießen, sondern einen realistischen Blick auf den Markt zu geben. Auch wenn eine Umfrage gemacht wurde, um sie für PR-Zwecke zu verwenden, muss der Kunde mit Ergebnissen leben können, die nicht 100-prozentig dem entsprechen, was erwartet oder erhofft wurde. Auf einem

anderen Blatt Papier steht, welche Ergebnisse dann veröffentlicht werden.

Checkliste für Briefing-Unterlagen:

Was muss in einem Briefing enthalten sein?

✔ Forschungsziel und genauer Informationsbedarf (Klärung, ob es bereits Hypothesen
gibt, aus welchen Forschungsziele abgeleitet
werden und der Informationsbedarf festgelegt
werden kann (= Entscheidung, ob explorativ
oder deskriptiv gearbeitet wird)

✔ Wer sind die (potenziellen) „Kunden"/korrek-
ten Zielpersonen bzw. über wen möchte ich
etwas erfahren? Wie ist die Zielgruppe optimal zu erreichen?

✔ Sammlung des Informationsbedarfs mit dem
Kunden: Erstellung eines ersten (groben)
Themenkataloges

✔ Kosten – Budget? Gibt es Budgetrestriktio-
nen? Was sind die üblichen Marktpreise (in
der Zielregion)?

✔ Zeitrahmen, zeitliche Vorgaben? Muss auf
bestimmte Umstände Rücksicht genommen
werden? (Beispiele: Wann ist ein zu testender

Werbespot „on air"? Wann braucht die Druckerei die Freigabe für die Anzeige? Gibt es eine Vorstandssitzung, für die die Ergebnisse vorliegen müssen?) Hängen inhaltliche Entscheidungen von den Ergebnissen ab? Sind bei der Befragung zeitliche Einflüsse zu berücksichtigen? (Ferienzeiten etc.)

✔ Wünsche der Ergebnisdarstellung, Präsentation?

✔ Wofür werden die Ergebnisse verwendet? (Veröffentlichung?)

 ## Was ist eine Hochrechnung und wie sicher sind Ergebnisse?

Eine Hochrechnung ist eine lineare Hochschätzung von Personen, die keine Antworten geben, also keine Angaben zu einem Thema machen. Wenn es darum geht ein neues Produkt zu launchen, für das sich x % interessieren könnten, dann lässt sich daraus eine Hochrechnung erstellen, wie vielen Leuten das Produkt tatsächlich gefällt.

Die Hochrechnung darf aber nicht mit einer Prognose verwechselt werden. Politische „Sonntagsfragen" sind immer Prognosen und keine linearen Hochrechnungen. Journalisten und Lesern solcher Sonntagsfragen beziehungsweise Wahlbefragungen muss immer klar sein, dass sich daraus zwar ein Trend ablesen lässt, es aber keine punktgenaue Hochrechnung sein kann. Grund: Eine Stichprobenerhebung hat immer eine Schwankungsbreite, die vom Marktforschungsinstitut genau zu definieren ist.

Beispiel:
Bei einer Wahl stehen zwei Kandidaten zur Auswahl, Kandidat A hat bei einer Sonntagsfrage 49% und Kandidat B 51% Zustimmung der Österreicher. Bei beispielsweise 1.000 Befragten beträgt die Schwankungsbreite (siehe Kapitel 2) plus/minus 3,2 Prozent, die Bandbreite für das hochgerechnete Ergebnis ist 6,4%. Das Stichprobenergebnis mit einem Unterschied von nur zwei Prozent liegt also klar innerhalb der Bandbreiten, es lässt sich nicht prognostizieren, wer tatsächlich gewinnen wird (siehe unten Case 1 „Die Bundespräsidenten-Stichwahl in Österreich").

Warum stößt die Marktforschung bei Wahlprognosen an ihre Grenzen?

CASE 1: „DIE BUNDESPRÄSIDENTEN-STICHWAHL IN ÖSTERREICH"
Wenig in Österreichs Marktforschung hat die Branche so beschäftigt wie die Bundespräsidentenwahlen des Jahres 2016. Vor allem der Ausgang des ersten Wahlgangs vom 24. April 2016 mit insgesamt sechs Kandidaten wurde vom Großteil der Marktforscher so nicht prognostiziert. Alle Institute sahen Alexander van der Bellen mit rund

26 % auf Platz eins, gefolgt von Norbert Hofer mit im Schnitt 23 % und Irmgard Griss mit im Schnitt 21 %. Rudolf Hundstorfer (in den Umfragen etwas überschätzt), Andreas Khol und Richard Lugner wurden in allen Umfragen auf den hinteren Rängen gesehen. Das Ergebnis zeigte dann jedoch Norbert Hofer mit 35,05 % deutlich vor Alexander van der Bellen mit 21,34 % und Irmgard Griss mit 18,94 % der Stimmen.

Warum lag die Marktforschung hier daneben? Zwei Faktoren spielten eine entscheidende Rolle. Erstens gab es bei dieser Wahl wieder das Phänomen der 1980er und 1990er Jahre: Die FPÖ bzw. ein FPÖ-Kandidat wurde in den Umfragen unterschätzt, die Hochrechnung der Antwortverweigerer hätte für diesen Kandidaten stärker ausfallen müssen, da „Hofer-Wählen" im ersten Wahlgang noch nicht dem Common Sense entsprach (dies sollte sich in den beiden Stichwahlen massiv ändern). Zweiter Grund: Das immer größer werdende Problem der Late Deciders, also jener Wähler, die tatsächlich bis kurz vor der Wahl noch nicht wissen, wem sie ihre Stimme geben werden. Ein großer Teil dieser Late Deciders entschied sich letztendlich gegen die Kandidaten der Regierungsparteien und für Norbert Hofer.

Was geschah aber in den Stichwahl-Durchgängen? Die erste Stichwahl vom 22. Mai 2016, für die sich die Marktforschung ein sogenanntes „Moratorium" auferlegte (es wurden kaum Umfragen veröffentlicht) zeigte ganz klar die Grenzen der Marktforschung, wenn Wahlgänge quasi „Spitz auf Knopf" stehen. Ein solches Ergebnis mit

50,35 % für Alexander van der Bellen und 49,65 % für Norbert Hofer könnte nicht einmal mit einer Mikrozensuserhebung der Statistik Austria korrekt prognostiziert werden, denn selbst bei 14.000 Interviews (die übliche Mikrozensus-Stichprobe) liegt die maximale Schwankungsbreite bei +/– 0,8 % – die Bandbreite der Ergebnisse wäre bei dieser Stichprobe also 49,2 % bis 50,8 %. Das Ergebnis lag klar innerhalb dieser Bandbreite.

Nach diesem knappen Stichwahlergebnis vom Mai war für die Marktforscher klar, dass das Ergebnis des zweiten Stichwahldurchgangs nicht prognostizierbar war: Die Umfragen zeigten ein wenig verändertes Wahlverhalten, man musste also wieder mit einem extrem knappen Ausgang rechnen. Dementsprechend die Umfragen, diese lagen ab September 2016 allesamt zwischen 52 % und 48 % für den einen oder anderen Kandidaten, die meisten sahen jedoch Vorteile für Norbert Hofer. Und hier wird die Problematik wieder deutlich: Fast alle Prognosen und letztendlich auch das überraschend klare Ergebnis vom 4. Dezember von 53,79 % für Alexander van der Bellen und 46,21 % für Norbert Hofer lagen innerhalb der Schwankungsbreiten der angewandten Stichproben von zwischen 400 und 800 Interviews. Nur die letzte Prognose auf Basis von knapp 1.000 Interviews (mit einer Schwankungsbreite von +/– 3,17%) prognostizierte Alexander van der Bellen als Sieger.

Fazit: Den Marktforschern muss klar sein, welche Prognosen möglich sind und welche nicht. Die Kunst bei Wahlprognosen bleibt es, die Gruppe der Antwortverweigerer korrekt hochzuschätzen – und das wird aufgrund des Wahlverhaltens (Wahlentscheidungen werden immer später getroffen, Wahlentscheidungen werden öfter geändert, unterschiedliches Wahlverhalten bei unterschiedlichen Wahlgängen) immer schwieriger. Weiters liegt es an den Medien, die Umfragen als das darzustellen, was sie sind: Momentaufnahmen eines prognostizierten Wahlverhaltens.

CASE 2: DER BREXIT UND WARUM DIE MARKTFORSCHER DANEBENLAGEN

Auch bei der Volksabstimmung zum Ausstieg Großbritanniens aus der Europäischen Union im Jahr 2016 lagen die Marktforscher bis zum Schluss in ihrer Prognose daneben. Während die Marktforschung davon ausging, dass bei der Brexit-Umfrage die Briten für einen Verbleib in der EU stimmen würden, ging das Ergebnis genau andersherum aus. 52 % der Briten stimmten für einen Austritt aus der EU und nur 48 % für einen Verbleib. Wie konnte das geschehen, dass eine „Remain"-Mehrheit plötzlich bei der Abstimmung zu einem „Leave" wurde?

Der Grund dafür lag in den vielen nichtdeklarierten Wählern vor der Wahl. Um diese zuordnen zu können, zogen die Marktforscher die Parteideklarationen als Basis heran. Der Gedanke war, wenn jemand sozialdemokratisch wählt, votet er eher für „remain". Und genau hier lag der Irrtum, denn es spielte ein wichtiges Thema in das Brexit-Votum hinein, das zu wenig Berücksichtigung in der Prognose fand: Die Briten wollten der Regierung einen Denkzettel verpassen, und das führte letztendlich zu einer Ausstiegs-Mehrheit.

Rohdaten und Tabellen

Die Begriffe Rohdaten und Tabellen führen oft zu Missverständnissen beim Kunden. Rohdaten sind einfach die Daten aus den Interviews in einem „Datenbankformat". In der Logik von Excel hat jedes Interview eine Zeile, und jede Variable (also jede „Antwort") hat eine Spalte. Die Rohdaten enthalten also die einzelnen Interviews und stellen keine Kumulationen

Beispiel für Rohdaten:

S1	S2	S5	S3	Q1	Q2	Q3
Männlich	33	Vollzeit berufstätig	Wien	1 = sehr zufrieden	3 = weder/noch	10
Weiblich	28	Teilzeit berufstätig	Oberösterreich	1 = sehr zufrieden	1 = ist mir sehr wichtig	0
Weiblich	51	Vollzeit berufstätig	Vorarlberg	3 = teils/teils	2 = ist mir eher wichtig	30
Männlich	48	Vollzeit berufstätig	Wien	2 = eher zufrieden	1 = ist mir sehr wichtig	30
Weiblich	34	Vollzeit berufstätig	Niederösterreich	3 = teils/teils	5 = ist mir überhaupt nicht wichtig	20
Männlich	36	Vollzeit berufstätig	Oberösterreich	5 = sehr unzufrieden	2 = ist mir eher wichtig	30
Männlich	49	Vollzeit berufstätig	Wien	1 = sehr zufrieden	1 = ist mir sehr wichtig	15
Weiblich	40	Teilzeit berufstätig	Kärnten	1 = sehr zufrieden	4 = ist mir eher unwichtig	20
Weiblich	56	Vollzeit berufstätig	Tirol	2 = eher zufrieden	2 = ist mir eher wichtig	25

dar. Diese Kumulationen, zum Beispiel in Form von Häufigkeitsauswertungen, finden sich in den Tabellen.

Rohdaten: eine Zeile pro Interview, eine Spalte pro Frage. Die Rohdaten bilden die Basis für die Berechnungen und Auszählungen.

Beispiele für Tabellen:

Beispiel 1

Frage 15: In manchen Unternehmen kann man seine Arbeit auch von zu Hause erledigen. Das wird „Home Office" genannt. Wie stehen Sie dazu?

	GESAMT	sehr Positives	eher Positives	teils/teils	eher Negatives	sehr Negatives	weiß nicht/keine Angabe	Mittelwert
TOTAL								
	1.000	31%	28%	30%	5%	1%	5%	2,1
Geschlecht								
männlich	503	23%	29%	33%	6%	2%	7%	2,3
weiblich	497	39%	26%	26%	4%	1%	4%	2,0
Alter								
18-29	188	37%	29%	24%	2%	2%	5%	2,0
30-39	222	31%	29%	27%	7%	1%	5%	2,1
40-49	286	28%	29%	33%	5%	1%	3%	2,2
50 und älter	304	29%	25%	33%	4%	1%	8%	2,2
Berufstätigkeit								
Vollzeit berufstätig (30 Stunden/ Woche)	814	29%	29%	30%	5%	2%	5%	2,2
Teilzeit berufstätig (bis 29 Stunden/ Woche)	180	39%	22%	31%	2%	1%	5%	2,0

Beispiel 2

Frage 13: Wie leicht, glauben Sie, würden Sie wieder einen passenden Job finden?

	GESAMT	1=sehr leicht	2	3	4	5=überhaupt nicht leicht	weiß nicht/keine Angabe	Mittelwert
TOTAL								
	1.000	6%	16%	29%	17%	28%	3%	3,4
Geschlecht								
männlich	503	7%	20%	27%	18%	25%	2%	3,3
weiblich	497	6%	12%	32%	17%	31%	3%	3,6
Alter								
18-29	188	9%	25%	41%	12%	12%	1%	2,9
30-39	222	7%	22%	37%	16%	14%	4%	3,1
40-49	286	6%	12%	30%	22%	28%	2%	3,5
50 und älter	304	5%	10%	17%	17%	48%	3%	3,9
Berufstätigkeit								
Vollzeit berufstätig (30+ Stunden/ Woche)	814	7%	18%	28%	18%	27%	3%	3,4
Teilzeit berufstätig (bis 29 Stunden/ Woche)	180	5%	10%	34%	15%	33%	2%	3,6

Die Tabellen/Kreuztabellen stellen bereits eine Zusammenfassung der Rohdaten dar und enthalten pro Tabelle eine Frage, pro Spalte eine Antwortmöglichkeit auf diese Frage und in jeder Zeile die Ergebnisse pro Gruppe (Gesamt, Alter, Geschlecht etc.), wobei signifikante Unterschiede in der Regel hervorgehoben werden (hier: grau unterlegt).

Manipulation

Wie kann bei der Marktforschung manipuliert werden?

Entlang des Marktforschungsprozesses kann an jeder Stelle manipuliert werden. Von der Fragestellung über die Stichprobe bis hin zu Auswertung und Interpretation der Ergebnisse. Dieses Manipulationselement ist der Marktforschung jedoch extrem bewusst. Es gibt eine Vielzahl von Untersuchungen zu dem Thema, mit dem Ziel, unbewusste Manipulationen zu vermeiden. So wurde z. B. sogar getestet, ob die Farbe des Bildschirmhintergrundes bei Online-Befragungen das Ergebnis beeinflusst. Die gute Nachricht: Es gibt keinen Einfluss. Aber das Ergebnis lässt sich nicht auf alle Befragungen umlegen, so hat man herausgefunden, dass bei Papierfragebögen die Farbe des Papiers sehr wohl eine Rolle spielt. Grundsätzlich gilt: Wenn ein Kunde versucht, eine Umfrage oder Studie zu manipulieren, schießt er sich im Grunde genommen ein Eigentor. Wenn ein Unternehmer zu spät bemerkt, dass sein Produkt unverkäuflich ist oder seine Kampagne am Markt vorbeigeht, ist die Freude über die „schönen" Daten nur kurz. Deshalb sollte jeder Kunde das Ziel haben, den Markt neutral zu betrachten. Vorsicht ist auch bei der selektiven Nutzung von Studien geboten. Wenn man sich nur die guten Ergebnisse aus einem Studienkontext reißt, dann kann die Grundaussage komplett verfälscht werden.

 ## Wie stellt man manipulative Fragen?

Das Marktforschungsinstitut hat immer das höchste Interesse daran, Fragen neutral zu formulieren. Es gibt aber Kunden, Institutionen oder Organisationen, die der Studie einen bestimmten Dreh geben wollen und darum nicht die ganz neutrale Fragestellung bevorzugen würden. Oft ist es nicht nur die Fragestellung selbst, es kann auch mit Zwischenseiten oder mit Einleitungstexten gearbeitet werden, um die Umfrageergebnisse in eine bestimmte Richtung zu lenken.

Beispiel:
Wenn man zur Flüchtlingsthematik eine Umfrage macht, wo auf der ersten Fragebogenseite eine Einleitung steht, die beklagt, wie furchtbar es ist, dass so viele Menschen nach Österreich zuwandern, dann ist jede Frage, die im Anschluss gestellt wird, auch wenn die Fragen selbst neutral formuliert sind, manipuliert. Die intendierte Richtung der Antworten wurde bereits mit dem Einleitungstext klar vorgegeben.

Auch die Reihenfolge der gestellten Fragen ist entscheidend.

Beispiel:
Für eine Umfrage, in der es um Lehrer ging, lautete der Vorschlag des Kunden zur ersten Frage: „Es gab in den letzten Jahren immer wieder Diskussionen um die Wochenarbeitszeit von Lehrern. Was meinen Sie dazu?" Tatsächlich ging es in der Umfrage darum, welche Kompetenzen bei Kindern gefördert werden sollen und was an Lehrern positiv ist. Wenn man nun diese eine Frage zum Thema Wochenarbeitszeit von Lehrern voranstellt, dann macht sich sofort das Vorurteil in den Köpfen der Befragten breit, dass die Lehrer zu wenig arbeiten und zu viel Ferien haben. Dementsprechend wird das Ergebnis ausfallen. Die Frage wurde dann an den Schluss gestellt, denn da gehören Fragen hin, die den Rest der Befragung beeinflussen.

Auch über den Fragetext selbst und die Antwort-Items, also die Antwortmöglichkeiten, kann manipuliert werden. Es macht einfach einen Unterschied, ob eine simple Ja/Nein-Frage gestellt oder eine Fünferskala als Antwortmöglichkeit gegeben wird. Dazu ein extremes Beispiel: „Sind Sie für die Todesstrafe: Ja oder Nein?" oder „Sind Sie für die Todesstrafe? Ja, in bestimmten Fällen oder Nein, auf keinen Fall." In der ersten Fragestellung wird ein deutlich höherer Nein-Anteil produziert, denn ein klares „Ja" ist Vielen zu radikal. Um jedoch den Anteil derer herauszufinden, die potenziell für die Todesstrafe wären, eignet sich die zweite Fragestellung.

Die Beispiele zeigen: Um Umfrageergebnisse zu verstehen, muss man auch die Original-Fragestellungen und den Original-Fragebogen kennen. Dieser Fragebogen ist in der Regel auch Teil der Ergebnislieferung.

Was sind manipulative Befragungsunterlagen?

Auch Befragungsunterlagen können manipulativ gestaltet sein.

Beispiel:
Für eine große Automarke sollte mit persönlichen Interviews ein Werbemitteltest durchgeführt werden, wobei es vor allem darum ging zu klären, welcher von zwei Plakatentwürfen besser funktioniert. Tatsächlich gab es eine Hidden Agenda: Die Marketingabteilung hatte eine andere Präferenz als der Vorstand. Was wurde also gemacht? Der Fragebogen wurde mit dem Institut abgestimmt und korrekt formuliert. Als es dann zur Übermittlung der Werbemittel kam, wurde dem Institut klar, dass es hier nicht um eine objektive Erhebung gehen kann: Das vom Marketing präferierte Plakat war perfekt gedruckt und in Hochglanz präsentiert, während der andere Entwurf in matten Farben auf schlechtem Papier präsentiert wurde. Natürlich war damit klar, für welchen Plakatentwurf die Mehrheit der Befragten votieren würde.

Wie manipulativ wirkt der Zeitpunkt?

Das Ergebnis einer Umfrage kann auch verfälscht werden, wenn das beforschte Unternehmen gleichzeitig zur Umfrage eine Preisaktion startet. Aufgrund der günstigeren Preise würden Marktanteile, die sich aus der Umfrage ergeben, nicht jene Markanteile wiedergeben, die ohne diese Preisaktion herrschen. So kann man das Ergebnis deutlich manipulieren. Eine andere Art der Manipulation sind Gewinnspiele. Radiosendern wird immer wieder unterstellt, dass sie Gewinnspiele veranstalten, um den Radiotest zu beeinflussen. Die Leute werden ja von Instituten für den Radiotest angerufen und danach gefragt, welche Sender sie hören. Gleichzeitig gibt es Gewinnspiele, bei denen Menschen gewinnen, die beim Abheben sagen: Ich höre Sender XY. Ähnlich unrühmlich sind frühere Verteilaktionen der Printmedien zu Zeiten der Feldarbeit der Reichweitenstudien.

Die meisten Institute versuchen möglichst objektive Daten zu liefern und sind daher stets bemüht, Einflussfaktoren auszuschalten. Doch es gibt auch Umstände, die der Marktforscher nicht ausschließen kann. Es kommt zum Beispiel teilweise vor, dass während der Umfrage der Mitbewerber eines Unternehmens eine Riesenkampagne gestartet hat. Die Werte des Unternehmens, für das die Umfrage gemacht wurde, sind dadurch deutlich unter Druck gekommen. Solche Einflüsse lassen sich sehr gut bei Zeitverlaufsmessungen beobachten, bei denen die aktuell erhobenen Werte auf einmal nicht mehr ins Bild passen. Solche Ausreißer müssen genauestens analysiert werden und verlangen schlüssige Erklärungen.

 ## Wie wird mit der Stichprobe manipuliert?

Bei jeder Studie gilt es zu prüfen, wer befragt wurde, denn die Stichprobe hat großen Einfluss auf das Ergebnis. Hier kommt der ewig strapazierte Repräsentativitätsbegriff ins Spiel. Man muss sich bei der Stichprobe überlegen, welche Grundgesamtheit sie darstellen soll. Wofür steht die Stichprobe? Soll sie für die österreichische Gesamtbevölkerung repräsentativ sein oder nur für eine Teilgruppe?

Beispiel:
Der Krieg der Mountainbiker gegen die Wanderer. Eine große heimische Institution und eine Interessengemeinschaft von Fahrradfahrern haben Marktforschungsinstitute zur selben Zeit beauftragt. Beide Institute stellten ähnliche Fragen wie: „Was halten Sie von Mountainbikern im Wald?", „Stören Sie diese?" Erstaunlich war, dass die Ergebnisse beider Studien höchst unterschiedlich ausfielen. Das eine Institut hatte als Resultat, dass sich nur 4 % nicht an Mountainbikern im Wald stören, somit 96 % irritiert sind. Laut den Ergebnissen des zweiten Instituts stören sich zirka zwei Drittel nicht an Mountainbikern im Wald. Woher kam diese Abweichung? Es war die Stichprobe. Hatte das erste Institut ein repräsentatives Sample für alle Österreicher gewählt, so grenzte das

zweite Institut die Befragung auf die tatsächlich Betroffenen ein: jene Menschen, die regelmäßig im Wald wandern beziehungsweise spazieren gehen. Die Ergebnisse waren manipulativ, auch wenn die Herangehensweise von beiden Instituten aus wissenschaftlicher Sicht Sinn ergab.

 ## Was ist Convenience-Sampling und welche Risiken stecken in dieser Sampling-Form?

Convenience-Sampling nutzt die Marktforschung, um Kosten zu sparen. Dabei wird einfach jene Zielgruppe gewählt, die am leichtesten zu erreichen ist.

Beispiel 1:
Bei einer Studie zum Thema Medienkonsum sind Newsletter-Abonnenten einer großen Tageszeitung die am leichtesten zu erreichende Zielgruppe. Doch eine Befragung dieser Zielgruppe ist hier mit Sicherheit nicht zielführend, denn das Ergebnis beruht auf einer nicht repräsentativen Stichprobe. Grund: Bei der Frage „Wie konsumieren Sie Medien?" wird kein Ergebnis zu erwarten sein, das für alle Österreicher steht, weil man nur ein Teilsegment von Mediennutzern befragt. Und auch die Nähe zu einem Titel wird die Ergebnisse grob verfälschen.

Es passiert des Öfteren, dass Kunden sich Kosten bei der Feldarbeit ersparen möchten und einfach ihre eigenen Kunden fragen. Doch wenn auf solchen Umfragen wichtige wirtschaftliche oder marketingtechnische Entscheidungen aufgebaut werden, kann das zu einem enormen finanziellen Schaden führen.

Beispiel 2:
Eine große, heute nicht mehr existierende österreichische Lebensmittelkette wollte einen Prospekt testen, der sich an Neukunden richten sollte. Nach Preisdiskussionen mit dem anbietenden Institut hat die Lebensmittelkette beschlossen, die Studie selbst durchzuführen. Befragt wurde dann schlussendlich, nach dem Convenience-Ansatz, die Gruppe der Facebook-Fans der Kette. Diese hochinvolvierten Menschen haben aber natürlich wenig mit Neukunden gemein und werden wohl wenig dazu sagen können, wie ein Prospekt aussehen muss, der Neukunden ansprechen soll – nicht zuletzt, weil diese Gruppe sich mit dem bestehenden Prospektmaterial bestens versorgt fühlt. Eine korrekte Stichprobe wäre hier eine Stichprobe aus Nichtkunden gewesen. Das Unternehmen hat zweifelsohne Geld bei der Feldarbeit gespart, aber auf Grund dieser Einsparung wohl eine falsche Entscheidung getroffen.

Grundsätzlich gilt: Bei Ergebnissen, die jeder Erwartung widersprechen, sollte man Studien auf Stichprobenfehler überprüfen. Allerdings ist das auch eine häufig gehörte Bemerkung, wenn Ergebnisse nicht den Erwartungen entsprechen: „Ihr habt's die falschen Leut' g'fragt!" Genau wie der Fragebogen bekannt sein muss, um die Ergebnisse einer Studie zu verstehen, muss man auch die Stichprobe und das Stichprobenverfahren genau kennen.

Wie kann man Manipulationsfehler in der Interpretation vermeiden?

Gerade die Interpretation der Ergebnisse bietet viel Spielraum für Manipulationen. Ein häufiger Fehler ist, dass man so tief in Untergruppen hineingeht, dass Ergebnisse nur noch auf wenigen Befragten beruhen und damit das Ergebnis nicht mehr aussagekräftig ist.

Beispiel:

Oft werden Studien beim Kunden sehr untergruppenspezifisch aufbereitet. Aussagen lauten dann manchmal: Wir haben festgestellt, dass alle 45- bis 50-jährigen Frauen, die weiße VW-Polos fahren, eine große Affinität für unsere Produkte haben. Im Detail erkennt man dann, dass diese Aussage auf Basis von z. B. nur zwei Frauen aus insgesamt 500 Befragten getroffen wurde. Statistisch ist das vollkommen irrelevant. Es kann aber schwierig werden, Kunden zu erklären, dass zwei von 500 Befragten noch keinen Trend begründen.

Schauen wir in einem anderen Beispiel in die Politik: Sie lesen in der Zeitung darüber, dass bei FPÖ-Wählern die Ablehnung von TTIP mit 58 % am geringsten ist, verglichen mit anderen Parteien (Schnitt: 61 %). Schauen wir genauer hin: Befragt wurden 500 Personen, die Nichtdeklarationsquote bei der Parteipräferenz nehmen wir mit 30 % an, Wähleranteil FPÖ sind 28 %, somit verbleiben 90 Personen, auf deren Basis diese Aussage fußt. Bei 58 % Ablehnung und 20 Interviews sehen wir

eine Schwankungsbreite von +/– 10 %, die oben zitierten
58 % haben also tatsächlich eine Spannweite von 48 %
bis 68 %. Und in diesem Bereich liegen auch die anderen
Parteien, es gibt also de facto keinen aus dieser Studie
ableitbaren Unterschied zwischen FPÖ-Wählern und
Wählern anderer Parteien. Für derartige Aussagen ist
die Studie schlicht nicht geeignet.

Deshalb sollte man jede Subgruppe hinterfragen und
auf die Fallzahl achten. Statistisch betrachtet ist ein Unterschied nur dann ein Unterschied, wenn er signifikant
ist. Seriöse Umfrageinstitute sollten Unterschiede daher
nur als solche ausweisen, wenn sie tatsächlich signifikant
sind. In dem Moment, da von tendenziellen Unterschie-
den gesprochen wird, sollte man einen genaueren Blick
in den statistischen Teil einer Studie werfen.

 ## Wie manipulativ sind Diagramme und Charts?

Eine große manipulative Kraft haben Diagramme und
Charts. Bei allem, was in Diagrammen dargestellt werden
kann, kann manipuliert werden. Es kommt immer darauf
an, welche Achsenabschnitte, Zeitabschnitte oder Refe-
renzwerte man in einem Diagramm darstellt. Beliebt ist
das Hineinzoomen in einen Teilbereich. Der Anstieg von
31 % auf 34 % wirkt gleich viel imposanter, wenn nur der
Bereich von 30 % bis 40 % dargestellt wird.

Beispiel Darstellung des Bereichs von 30 % bis 40 %

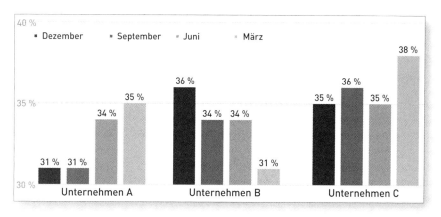

Beispiel Darstellung des Bereichs von 0 % bis 100 %

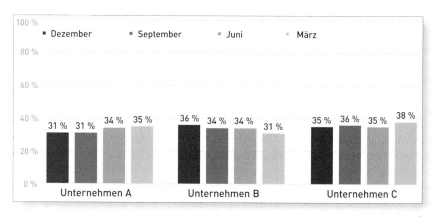

Mittelwert:

Der Mittelwert ist ausgezeichnet für das Verstecken polarisierender Aussagen geeignet oder auch um schlechte Ergebnisse zu relativieren.

Beispiel:

Befragte bewerten ein Unternehmen auf einer Schulnotenskala von eins bis fünf. Auf Basis des Mittelwertes kann es durchaus sein, dass dieser bei einem Zeitverlauf konstant bei 3,0 liegt. Das kann aber auch heißen, dass beim ersten Messpunkt 50 % einen Fünfer vergeben haben und 50 % einen Einser. Bei einem anderen Messpunkt habe ich zu 100 % die Note Drei. Bei der ersten Darstellung habe ich zumindest 50 %, die sagen, das Unternehmen hat ein ausgezeichnetes Image, und die andere Hälfte bewertet das Image als sehr schlecht. In der zweiten Variante bewerten 100 % das Unternehmen mit einem mittelmäßigen Image. Will man nun verheimlichen, dass 50 % der Befragten extrem unzufrieden sind, dann nimmt man einfach den Mittelwert.

3-D-Diagramme:

Die manipulativste Darstellungsform sind 3-D-Diagramme. Der Grund: Man erkennt nicht viel, und die Darstellungen sind perspektivisch verzerrt. Viele Unternehmen nutzen 3-D-Diagramme, um schlechte Ergebnisse zu verbergen, denn mit den Achsen lassen sich Dinge so verzerren, dass man auch schlechte Ergebnisse nicht erkennt.

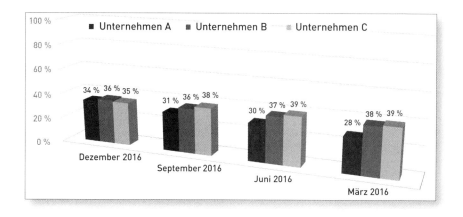

Farbgebung:

Auch die Farbgebung der Charts und Diagramme kann ein Manipulationsfaktor sein. Manchmal hat man unzählige Unternehmen nebeneinander und muss so die unterschiedlichsten Schattierungen von Blau oder Grün einsetzen. Trotz Legende wird es so unmöglich gemacht, optische Unterschiede zu erkennen. Ein weiteres Spiel mit Farben ist es, den positiven und negativen Eigenschaften am Beginn einer Studie immer bestimmte Farben zuzuordnen. Plötzlich wird das Farbschema bewusst gekippt, um eine negative Aussage mit der positiven Farbe zu verschleiern.

Schulnotenskala:

Es gibt gelernte Skalen, die sich tief in unser Gehirn eingegraben haben. Eine solche Skala ist die Schulnotenskala: Eins ist sehr gut und Fünf ist sehr schlecht. Kehren Marktforscher diese Skala bei einer Befragung nun um, dann lässt sich das Ergebnis manipulieren. Grund: Fünf als sehr gut zu vergeben, wird vielen Menschen sehr schwer fallen, der Reflex geht (zumindest in Österreich) in eine andere Richtung.

 ## Woran erkenne ich ein seriöses Umfrageinstitut?

a) Angebot:
Das seriöse Umfrageinstitut erkenne ich schon in der Angebotserstellung. Wird auf das Briefing eingegangen oder nur ein Standardangebot vorgelegt? Kommt das Institut mit anderen, vielleicht noch ergänzenden Vorschlägen auf den Auftraggeber zu, beziehungsweise wird auf Dinge hingewiesen, die der Kunde vielleicht übersehen hat?

b) Branchenkompetenz:
Unterschiedliche Branchen haben unterschiedliche Usancen. Jedes Institut sollte diese kennen. Wenn ein Institut noch nie für eine bestimmte Branche gearbeitet hat, wird es verschiedene Fragen nicht beantworten können, weil es nicht tief genug in der Materie steckt, und eine Zusammenarbeit kann mühsam werden. Deshalb sollte man eher auf Institute setzen, die auch entsprechende Branchenexpertise vorweisen können.

c) Feldarbeit:

Hier wird gerne getrickst, und es gibt schwarze Schafe auch bei den Meinungsforschungsinstituten, die leider 1.000 Interviews verkaufen, tatsächlich aber nur 500 oder 800 Interviews durchführen. Das ist Betrug. Solche Dinge lassen sich nur über die Rohdaten aufdecken, denn hier ist jedes einzelne Interview nachvollziehbar. Verlangen Sie also immer, dass Ihnen nach Abschluss der Studie auch die Rohdaten ausgehändigt werden!

Forschungsinhalte und Tools

 Welchen Platz hat Virtual Reality in der Marktforschung?

Die virtuelle Realität ist angekommen, ist es doch heute möglich, mit einer relativ günstigen Brille und einem Mobiltelefon in diese Parallelwelten abzugleiten. Daraus ergeben sich auch ganz neue Möglichkeiten für die Marktforschung, da Produkte und Shops einfach virtuell nachgebaut werden können.

Schauen wir uns das am Beispiel des Regaltests an: In einem Regaltest soll herausgefunden werden, wie ein Produkt im Supermarkt wird, welche Packungsdesigns zu bevorzugen sind etc. Heute werden solche Tests meist in einem Teststudio durchgeführt, das „Regal" ist drei Meter lang und soll die reale Umgebung simulieren. Diese Vorgehensweise hat zwei schwerwiegende Nachteile: Die Probanden können nur um das Teststudio herum rekrutiert werden, man hat also eine geographische Verzerrung. Der zweite Nachteil liegt eben im vollkommen irrealen Einkaufserlebnis.

Nun kann man natürlich argumentieren, dass Virtual Reality mit der echten Welt genauso viel zu tun hat wie ein Teststudio mit der Welt im Supermarkt. Wer allerdings die Virtual Reality schon einmal erfahren und beispielsweise versucht hat, dort auf ein schmales Brett in 100 Meter Höhe zu steigen, während unten die Autos vorbeifahren, wird bestätigen: Diese Erfahrung kommt einer realen Lebenserfahrung schon ziemlich nahe.

Marktforschung mittels Virtual Reality endet auch nicht bei Regaltests: Es geht von neuen Autos über Produktdesigns und Leitsysteme bis hin zu Architektur. In vielen Bereichen können mittels dieser Technologie (Fein-)Justierungen vorgenommen werden, ohne das Produkt oder Gebäude selbst gebaut oder produziert zu haben.

 ## Welche Möglichkeiten bietet Big Data und welche Gefahren resultieren daraus?

Big Data sind per Definition unstrukturierte Datensätze. Die Herausforderung besteht darin, Algorithmen zu definieren, die es ermöglichen, aus diesen Daten nutzbare Erkenntnisse abzuleiten. Das größte Potenzial von Big Data liegt in der Prognose: Das Ziel dabei ist, aus vielen einzelnen Messpunkten das Verhalten von Einzelnen zu analysieren und mit den großen Datenmengen in der Zusammenschau das künftige Verhalten von Kundengruppen bzw. der Gesamtheit der Kunden genauer voraussagen zu können. Zum Beispiel können aus großen Datensätzen viele Schlüsse aus dem bisherigen Kundenverhalten gezogen werden. Letztendlich geht es darum, über das Individuum etwas zu lernen. Besonders große Handelsunternehmen mit Kundenbindungsprogrammen, die 300.000 und mehr Mitglieder aufweisen, können über ein Big-Data-Projekt das Einkaufsverhalten der dahinterstehenden Personen analysieren und daraus die Kaufinteressen und einen zukünftigen Bedarf ableiten.

Beispiel:
Eine britische Handelskette hatte auf Grund von Big-Data-Analysen der Kundenkartendaten herausgefunden, dass Babywindeln der Größe 1 und 2 häufig gemeinsam mit Bier im Einkaufswagen liegen. Die Logik, die bis dahin noch niemand bedacht und beobachtet hatte: Kurz nach der Geburt gehen die Väter einkaufen. Das Resultat: eine Sonderplatzierung für Bier gleich neben den Windeln und ein deutlich gesteigerter Absatz.

In der Verknüpfung von anonymisierten Daten (junge Väter kaufen Bier gemeinsam mit Windeln) wäre dann die Verknüpfung mit Personendaten und damit eine individuelle Ansprache der nächste Schritt.

Grundsätzlich gilt es bei Kundenanalysen konkreter Anbieter immer zu beachten, dass diese Daten nicht für das allgemeine Einkaufsverhalten der Österreicher stehen, sondern nur etwas über das Einkaufsverhalten der jeweiligen Kundengruppe aussagen können. Damit sind die Learnings auch nicht oder nur sehr eingeschränkt auf andere Unternehmen anwendbar – dass frisch gebackene Väter Bier kaufen gilt bei Spar aber genauso wie bei Billa.

In Österreich führen Big-Data-Analysen noch immer ein wenig ein Schattendasein. Doch die großen Handelsketten, Banken und Versicherungen sind bereits aufgesprungen. Die Herausforderungen sind mannigfaltig: Zum einen sind die Daten aus den vorhandenen EDV-Systemen oft nur sehr mühsam auszulesen, zum anderen sind ältere Datensätze oft erschütternd unvollständig.

Banken und Finanzdienstleister haben beim Nutzen der gesammelten Daten noch eine weitere, große Hürde zu überwinden. Als Finanzdienstleister haben sie das Problem, Kunden in aller Regel via elektronische Ansprache zu analogen (also nicht elektronischen!) Aktionen überreden zu müssen – in den meisten Fällen sind die angebotenen Produkte nicht elektronisch abschließbar. Das Problem ist also, den Kunden so weit zu bringen, dass er von sich aus den betreuenden Mitarbeiter entweder elektronisch oder *face to face* in der Filiale anspricht, um das Produkt abzuschließen. Hier gibt es dann einen Medienbruch, der eine große Hürde in Kaufprozessen darstellt. Bei Versandhändlern gibt es diesen Medienbruch zum Beispiel nicht. Dort, wo die Digitalisierung der Prozesse entweder schon weit fortgeschritten ist oder von Anfang an das Geschäftsmodell definiert, kann ich den Kauf unmittelbar abschließen und bleibe im Medium. Bei Online-Shops funktioniert die Auswertung der Daten perfekt, denn hier ist das Datensammeln gut in den Prozess integrierbar.

Ein Problem hat aber mittlerweile der Konsument. Durch die Fülle an Daten und Informationen, die er elektronisch preisgibt, wird die totale Überwachung zur

Realität und ist längst nicht mehr nur eine hypothetische Gefahr. Das ist schon jetzt eine große Herausforderung für unsere Gesellschaft und wird zunehmend wichtiger werden.

Spannend wird Big Data in Kombination mit Open Data – bis 2020 müssen alle Governmental Entities ihre Daten offen zur Verfügung stellen. Wenn dann eigene Kundendaten und Analysen zum Beispiel mit den Daten der öffentlichen Verkehrsmittel, der Arbeitsstatistik und dem Besuch kultureller Veranstaltungen abgeglichen werden können, werden Analysen möglich werden, die wir uns heute kaum vorstellen können.

Um große Datenmengen für Analysen verfügbar zu machen, müssen diese entsprechend aufbereitet werden. Diese Zusammenführung unterschiedlichster Daten in heterogenen Strukturen nennt man Data-Warehouse. Damit wird die Grundlage für die Analyse geschaffen. Metadaten zu Inhalten und Bedeutung der Daten bereiten diese für den Zugriff durch Data-Mining-Werkzeuge auf. Wenn dann noch Inkonsistenzen, logische Fehler und unterschiedliche Aggregationsniveaus (also Merkmalsausprägungen) bereinigt werden, können die Daten insgesamt auf versteckte Muster und Zusammenhänge untersucht werden.

Warum braucht es für die Ergebnis-interpretation von Big Data nicht nur Techniker, sondern auch (und vor allem) Sozialwissenschaftler?

Im Automobilrennsport und vor allem in der Formel 1 spielen unterschiedliche Disziplinen zusammen, um noch schnellere Rundenzeiten über den Verlauf eines Rennens zu erzielen. Dabei hat jeder seinen Aufgabenbereich, aber das Auto lenken muss der Fahrer. Der weiß, wann er wo bremsen muss und wann er wo beschleunigen kann, obwohl die Techniker genau das mit umfassenden Analysen aus einer Unmenge an gemessenen Daten zuvor errechnen. Und genau das machen Sozialwissenschaftler auch: Wie der Fahrer treffen wir auf der Basis von Datenanalysen Entscheidungen, die Erfahrung, Know-how und nicht zuletzt Mut benötigen.

Für Unternehmen liegt das Risiko von Big Data darin, dass man sich in der Datenflut verliert. Es besteht vor allem das Risiko, dass man kein Verständnis mehr dafür hat, was „die Maschine" macht, welche Algorithmen angewendet und welche Zusammenhänge abgeleitet werden. Grund: In einer großen Datenmenge sind fast alle Zusammenhänge signifikant. Nur erfahrene Marktforscher und Sozialwissenschaftler haben hier das notwendige Wissen, um Ungereimtheiten zu erkennen, bevor falsche und vor allem teure Schlüsse aus den Auswertungen großer Datensätze gezogen werden. Nur zu oft werden Kausalität und Korrelation verwechselt. Und damit ist nicht die Frage gemeint, ob zuerst die Henne oder zuerst das Ei da war.

Beispiel:
Es werden oft Aktionen durchgeführt, um in einem spezifischen Umfeld Interessenten dazu zu überreden, eine Kundenkarte auszufüllen; damit spricht man aber immer nur ein bestimmtes Segment der Gesellschaft an, beispielsweise im Vorfeld des Wiener Life Ball. Die Folge ist, dass dann eine sehr spezifische Bevölkerungsgruppe prominent, also überproportional vertreten ist. Werden im Anschluss daran auf Basis der Kundenkarteninhaber Präferenzen und Motivlagen abgefragt, werden diese nur bedingt etwas über den Gesamtkosmos der Kunden aussagen können.

 ## Wie sicher ist der Umgang mit Daten in der Marktforschung?

Durch Big Data entsteht der gläserne Konsument, und es bleibt abzuwarten, wie die Menschen mittelfristig darauf reagieren. Datenschutz ist hier das zentrale Thema: Aber nur weil man manche Dinge technisch realisieren kann, heißt das noch lange nicht, dass man diese auch anwenden darf. Gerade die Marktforschung muss sich dieser Herausforderung permanent stellen. Selbst wenn Konsumenten auf diversen Social-Media-Kanälen intimste Details aus ihrem Leben preisgeben, so reagieren sie doch immer wieder empfindlich, wenn Marktforscher anrufen. Sofort kommt die aggressive Frage, woher man die jeweilige Telefonnummer habe. Diese Janusköpfigkeit des Konsumenten, auf der einen Seite in den sozialen Netzwerken nahezu alles preiszugeben und auf der anderen Seite beinahe paranoid Datendiebstahl zu unterstellen, führt dazu, dass in regelmäßigen Abständen das Privacy-Thema auch in der Marktforschung hochkommt. Da aber Marktforscher nichts verkaufen, dürfen sie in Österreich Telefonumfragen machen. Zudem müssen Marktforscher strengste Datenschutzregelungen beachten; das tun sie auch konsequent. Kein Wunder, denn es wäre der Tod jedes Marktforschungsinstituts, wenn Daten der Befragten an den Auftraggeber oder sogar an Dritte weitergegeben würden.

Die erhobenen Daten werden gesondert von den Namen auf den Servern des Instituts abgespeichert. Die Daten müssen sieben Jahre aufbewahrt werden. Um das Vertrauen der Befragten zu gewinnen, ist die Reputation eines Instituts sehr wichtig. Marktforschungsinstitute müssen sich hier ganz deutlich von Marketingfirmen differenzieren. Es geht um Umfragen und nicht um Marketingaktionen.

Die Panelisten eines Instituts haben eine Identifikationsnummer und wissen, dass ihre Daten gespeichert sind. Sie wissen, dass theoretisch eine Verbindung hergestellt werden könnte. Aber das Institut hat sich ja über ESO-MAR-Richtlinien verpflichtet, dies nicht zu tun.

Was sind lernende Systeme?

Lernende Systeme sind sehr eng an den Big-Data-Bereich angeknüpft, in dem versucht wird, aus Datenanalysen Logiken abzuleiten. Lernende Systeme sind im Grunde eine Erweiterung der Analysen großer Datenmengen, denn die eingesetzten Algorithmen sollen laufend dazulernen und neue Zusammenhänge berücksichtigen. Die große Perspektive dabei ist, dass die Treffsicherheit beim Aufzeigen von Korrelationen dadurch stetig erhöht wird. Das Risiko ist, dass man am Ende nicht mehr exakt nachvollziehen kann, was der selbstentwickelte Algorithmus nun wirklich auswertet und aufzeigt.

Lernende Systeme könnten auch eine Lösung für ein altes und kostenintensives Problem der Marktforschung sein: die Verarbeitung von offenen Fragen. Jene Fragen, bei denen die Befragten in ihren eigenen Worten antworten und der Marktforscher dann versucht, eine Vielzahl unterschiedlichster Begriffe zu codieren, indem er diese sinnhaft in Kategorien zusammenfasst. Hier können lernende Systeme eine schnellere und kostengünstigere Verarbeitung bieten, die ersten Versuche dazu laufen bereits. Vorerst funktioniert dies nur in Untersuchungen, die bei konstantem Fragebogen in vielen Wellen durchgeführt werden. Solche immer wiederkehrenden Projekte sind aber leider die Ausnahme und nicht die Regel in den heimischen Marktforschungsinstituten.

Wo liegt der Unterschied zwischen Korrelation und Kausalität?

Nicht alles, was hinkt, ist ein Vergleich. Formale Bildung und Einkommen korrelieren hoch. Das alleine sagt aber noch nichts über die Richtung des Zusammenhanges aus, ja nicht einmal, ob es überhaupt eine Kausalität gibt (also dass eine formal höhere Bildung auch höheres Einkommen bedingt und umgekehrt). Dieses banale Beispiel wird kaum Diskussionen auslösen, mehrheitlich wird man sich darauf einigen können, dass höhere Bildung verbesserte Einkommensperspektiven erlaubt.

Wenn man nun aber das schon zitierte Beispiel der Bier kaufenden Konsumenten betrachtet, die dieses alkoholische Getränk gemeinsam mit den kleinen Größen der Babywindeln kaufen, sind den Spekulationen über kausale Zusammenhänge Tür und Tor geöffnet: Bier fördert die Milchproduktion der stillenden Mütter; Neugeborene sind nur bei sedierender Wirkung von Bier zu ertragen; die sedierende Wirkung kann bei den Säuglingen, bei den Eltern oder anderen Angehörigen zum Einsatz kommen. Sie sehen, der Abgleich mit der „echten" Welt ist notwendig, und oft ist dieser nur möglich, indem man auf die klassische Marktforschung umsteigt und die Menschen befragt. Es gibt riesige Datensätze, deren Qualität wir oft kaum beurteilen können und die die wildesten Korrelationen aufweisen. Hier sind Erfahrung und logisches Nachdenken besonders gefordert beziehungsweise – wie oben beschrieben – ein Nachhaken in der echten Welt.

So schön und Vielfältig die Erkenntnisse aus Daten auch sein können, man darf den Fokus nicht vergessen, und der ist in der echten Welt, bei den Menschen.

Wie wichtig ist Pattern-Recognition in der Marktforschung?

Pattern-Recognition, also Mustererkennung, hat im Rahmen von Big Data enorme Bedeutung gewonnen. Dabei geht es darum, aus den vorhandenen, unstrukturierten Daten Muster zu erkennen, die sich auf die Allgemeinheit anwenden lassen. Man spricht dabei auch von „statistischen Zwillingen": Es liegen bekannte Merkmale vor, und man leitet aus diesen bekannten Merkmalen ein weiteres Merkmal ab.

Beispiel:

Ein Online-Handelshaus hat von vielen Kunden eine Vielzahl von persönlichen Daten wie Alter, Geschlecht, Wohnort etc. vorliegen. Zu vielen Kunden gibt es diese Daten nicht, weil diese kein Profil angelegt haben. Um nun auch diese Kunden mit passenden Zusatzangeboten zu weiteren Käufen motivieren zu können, werden die bestehenden Kundendaten analysiert und nach Mustern durchsucht. Das Ergebnis lautet nun, dass ein Kunde mit dem Warenkorb XYZ mit hoher Wahrscheinlichkeit männlich, 30 bis 39 Jahre alt ist und ein höheres Einkommen hat. Warenkorb ABC weist auf männlich, 30 bis

39 Jahre und niedriges Einkommen hin. Beide Kunden werden andere Zusatzverkaufsangebote bekommen, die Waren werden (virtuell) in eine andere Umgebung eingebettet, und vielleicht bekommt der erste Kunde auch höhere Preise als der zweite präsentiert.

Das Ergebnis von Mustererkennung ist also, dass man auf Grund der Erkenntnisse, die man aus der Analyse von vielen Daten gewonnen hat, deutlich besser auf den einzelnen Kunden eingehen kann.

 ## Was kommt durch die Globalisierung auf die Marktforschung zu?

Die Marktforschung ist extrem globalisiert, und diese Globalisierung ist der Grund dafür, dass so wie in vielen anderen Branchen auch die Preiskompetenz und Kompetitivität, also Wettbewerbsfähigkeit der mittelständischen europäischen Institute, kaum mehr gegeben ist. Im Zuge der Globalisierung wurden Themen wie Scripting (Fragebogenerstellung), Coding offener Fragen und Auswertung bzw. Ergebnisdarstellung in Billiglohnländer transferiert. Die großen Marktforschungsinstitute haben ihre lohn- und zeitintensiven Abteilungen zuerst nach Osteuropa und dann in weiterer Folge nach Ostasien verlagert. Vor allem die Erstellung der Charts wird gerne nach Asien delegiert. Die österreichischen Marktforscher könnten das theoretisch auch tun, denn es gibt dort viele freie und kostengünstige Lieferanten, aber solche Prozesse sind ohne ausreichendes Volumen nur sehr schwer sinnvoll in die eigenen Prozesse zu integrieren. Es gibt in Ländern wie Bangladesch oder Indien ausgezeichnete Statistiker und Marktforscher, ihnen fehlt aber der soziokulturelle Hintergrund. Zum Beispiel werden sie nicht einschätzen können, dass die sozialdemokratischen Bauern in Niederösterreich niemals eine Mehrheit bei den nächsten Wahlen zur Landwirtschaftskammer bekommen werden, es fehlt regional spezifisches Hintergrundwissen, das bedeutet einen potenziellen und wahrnehmbaren Qualitätsverlust. Derzeit scheint es fast so, dass es kaum mehr das Bedürfnis nach autochthoner österreichischer Interpretation gibt, sondern nur noch der Kostenfaktor im Zentrum steht. Auch Berichtslegung wird häufig ausgelagert – in diesem Fall sollte man aber gut Englisch sprechen, da die Berichte nicht mehr in der Landessprache zur Verfügung stehen. Wenn man sich aber auf eine Mikroebene begibt, gilt: Was man in Eisenstadt verkaufen kann, braucht man in Dornbirn gar nicht auszupacken.

 ## Warum ist die Emotionsmessung eine Antwort der Zukunft?

Wir leben in einer Emotionsökonomie: Gefühle beeinflussen ganz maßgeblich die wirtschaftlichen Entscheidungen, die wir treffen. Emotional involvierte Konsumenten sind das, wonach Unternehmen suchen, denn bei ihnen ist es wahrscheinlicher, dass sie sich an das Produkt erinnern, darüber reden und es schließlich kaufen. Bisher hat sich die Marktforschung auf die Befragung der Konsumenten verlassen, doch mit Hilfe von Emotionsdaten kann man viel präziser bestimmen, was Menschen bewegt, und Produkte, Spots, Commercials, Trailer darauf abstimmen.

In der Arbeit des Psychologen Daniel Kahneman, der 2002 den Nobelpreis für Wirtschaft bekommen hat, geht es primär um die Frage, wie Menschen ihre Entscheidungen treffen und wie sie Urteile fällen, vor allem dann, wenn sie unsicher sind. Der Forscher hat gezeigt, dass menschliche Entscheidungen systematisch von den Vorhersagen der traditionellen Ökonomie abweichen. Kahneman hat festgestellt, dass das menschliche Gehirn im Wesentlichen in zwei Systemen funktioniert. System 1 ist das nicht-rationale Gehirn: Hier wird sehr viel vorgefiltert, und Entscheidungen werden rein auf Basis der Emotionen getroffen. Was durch dieses System 1 durchkommt und nicht gleich gefiltert wird, kann im System 2, dem rationalen und langsameren System, bearbeitet werden. Es war immer eine Schwäche der Marktforschung, dass man sich intensiv mit dem System 2 beschäftigt hat und System 1 vernachlässigte, obwohl Entscheidungen zu 95 Prozent in System 1 gefällt werden. Wurde nach dem Vertrauen zu einer bestimmten Marke gefragt, hat der Proband darüber nachgedacht und in einer Skala von 0 bis 10 eine Antwort darauf gegeben. Es war jedoch keine emotionale Antwort, weil die Befragten ja darüber nachgedacht hatten. Bei der Emotionsmessung geht es nun darum, dass die Leute nicht mehr darüber nachdenken, sondern einen Einblick in ihre Emotionen bei einer Kaufentscheidung oder einem Thema geben.

Es gibt nun verschiedene Möglichkeiten, Emotionen zu messen:

A) EMOTIONALES PROFILING:
Emotionales Profiling ist ein System, bei dem Leute in einem Koordinatensystem angeben, wie stark ihre Empfindung gegenüber einer bestimmten Marke ist – von ganz stark bis ganz schwach und von sehr positiv bis sehr

Die Emotionsanalyse
Emotional Profiling (EmPro)

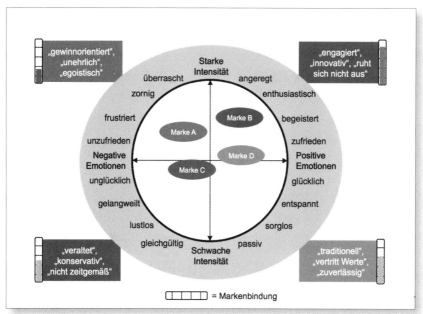

Quelle: PrEsearch

161

Mit FACS kann man jedem Gesichtsausdruck, und sei es auch
nur eine Muskelanspannung im Millisekundenbereich, eine Emotion bzw. ein Gefühl zuordnen und somit die Emotion messen.

negativ. In diesem Koordinatensystem wird die Marke gemeinsam mit eventuellen Mitkonkurrenten entsprechend
positioniert. Hinter den Punkten des Koordinatensystems
liegen die tatsächlichen Emotionspunkte, diese bleiben
dem Probanden aber verborgen, denn dieser soll nicht
über Emotionen nachdenken. Die Frage an den Probanden lautet: „Positionieren Sie die Marke in diesem Koordinatensystem. Empfinden Sie die Marke als positiv oder
negativ und ist diese Empfindung schwach oder stark?"
Das funktioniert besonders bei Online-Befragungen gut.

B) FACIAL ACTION CODING SYSTEM (FACS):
Hier werden die Probanden nach deren explizitem Einverständnis während der Befragung bzw. dem Betrachten eines Werbespots mit ihrer Laptop-Kamera aufgenommen, um aus dem Spiel der Gesichtsmuskeln ihre
Emotionen abzulesen, wie zum Beispiel Freude, Wut,
Ekel oder Überraschung. Diese „Gesichtsausdrücke" mit
ihren dahinterliegenden Emotionen werden automatisch

hervorgerufen, sind nur sehr schwer zu unterdrücken und haben in allen Kulturen die gleiche Bedeutung.

FACS funktioniert folgendermaßen:
» Die wissenschaftliche Basis bildet die Forschung des Psychologen Paul Ekman, der in den siebziger Jahren Pionierarbeit bei der Klassifikation von Gesichtsausdrücken leistete.
» Ekman schlüsselte auf, welche Muskeln oder Muskelgruppen am Zustandekommen eines bestimmten Gesichtsausdrucks beteiligt sind, und entwickelte darauf aufbauend ein Erkennungssystem namens „Facial Action Coding System" (FACS), mit Hilfe dessen er eine Reihe sogenannter Basisemotionen bestimmte, darunter Freude, Wut, Ekel oder Überraschung.
» Mit Hilfe komplexer, selbstlernender Algorithmen ist man in der Lage, ein größeres Spektrum an Emotionen abzubilden, als Ekman es vermochte.
» Ergebnis sind Messwerte (Scores) der Emotionen zu Beginn, zur Mitte und zum Ende des TV-Spots oder jedes anderen Bewegtbildes, außerdem helfen Vergleichswerte dabei, das eigene Ergebnis zu verorten.

Was ist Brainscan-Messung und wie kann man diese in der Marktforschung einsetzen?

Hier geht es um die Messung der Gehirnströme, um zu erkennen, was während einer Kaufentscheidung im Kopf der Probanden passiert. Laut Angelika Trachtenberg, Österreichs Fachfrau im Bereich neuropsychologische Marktführung, handelt es sich bei den Neurosciences um einen Lösungsansatz, der die traditionelle Praxis erweitern soll. Die klassische Marktforschung stößt bei der Frage nach dem Grund für eine Kaufentscheidung laut Trachtenberg an ihre Grenzen, da die Kunden keine Auskunft über ihr Verhalten geben können. Diese unbewussten Prozesse sollen nun durch die Neurosciences bewusstgemacht werden. Dieses System hat den entscheidenden Nachteil, dass die Messung sehr teuer ist, die durchschnittliche Stichprobengröße geht daher über n = 15 kaum hinaus.

Was kann der Marktforscher aus dem Herzschlag und der Hautspannung lesen?

Über die Herzfrequenzmessung lassen sich Aussagen darüber treffen, ob ein Proband auf einen Stimulus stark oder schwach reagiert. Man kann jedoch keine dahinterliegenden Emotionen messen und daher nicht sagen, was die Reaktion genau auslöst und ob die Reaktion positiv oder negativ ist. Man kann aber besonders verlässlich feststellen, ob es überhaupt eine Reaktion gibt und wie stark diese ist.

Das Potenzial dieser Technologie steht erst am Anfang, das System muss verfeinert und eventuell mit der Emotionsmessung gekoppelt werden. Das Potenzial dieses Ansatzes liegt in der breiten Verfügbarkeit der Daten, die etwa über Smartphones bei einer großen Gruppe von Menschen in Echtzeit gemessen werden könnten.

EDR – die elektrodermale Reaktion

Der menschliche Körper reagiert mit einer Veränderung der Spannung der Hautoberfläche, wenn er Emotionen aufbaut. Es kommt zu einer Hautwiderstandsveränderung, wenn jemand emotional reagiert. Die Reaktion wird mit Elektroden gemessen, die auf der Haut kleben. Das ist jedoch ein ungerichteter Wert (wie bei der Herzfrequenzmessung), man weiß also nur, dass jemand reagiert, aber nicht in welche Richtung, ob positiv oder negativ. Die Frage bleibt offen, ob es ihn in Begeisterung versetzt oder ob er in Panik ausbricht. Wie auch immer: Als Lügendetektor hat es dieses Verfahren zu breiter Bekanntheit gebracht!

Sind die Augen wirklich der Spiegel der Seele?

Der Blickverlauf der Probanden hat es den Marktforschern schon seit den 1970er Jahren angetan. Noch ohne viel Technik wurde mit Spiegeln und Kameras versucht, den Blickverlauf der Befragten zu messen und daraus Aussagen abzuleiten. Zum Beispiel wurden Probanden beim Zeitunglesen beobachtet, um daraus Schlüsse zu ziehen, was den Leser wirklich interessiert und auf welche Elemente er auf einer Seite zuerst achtet. Viele dieser Erkenntnisse haben ihren Weg in moderne Medien bzw. in die Gestaltung von Anzeigen gefunden und sind heute Allgemeingut: Titel stehen oben, Bilder sind wichtig, große Zitate/Zwischenheadlines fangen den Blick der Leser ein. Doch das Interesse der Medien ist bis heute überschaubar, und so hat sich in den letzten Jahren nur sehr wenig in dieser Disziplin des Eye-Tracking getan. Dennoch: Das Potenzial dieses Forschungsansatzes ist riesig, außerdem stehen heute neue und extrem leistungsstarke Technologien zur Verfügung. Zum Beispiel gibt es den Ansatz, das sehr aufwändige Eye-Tracking im Teststudio als Online-Eye-Tracking einzusetzen, in welchem die Hand, welche die Computermaus führt, den Blickverlauf nachzeichnet und dafür stellvertretend analysiert wird.

Warum ist messen nicht immer besser als fragen?

In der aktuellen Diskussion schlägt das Pendel in Richtung messen: Die Menschen verfälschen ihre wahren Motive, wenn sie sie verbalisieren. Gehirnscans, Messung des Herzschlags, Hautwiderstand oder auch Blickverfolgung erlauben einen ungefilterten Blick auf das Verhalten der Menschen. Ja, natürlich, ceteris paribus wird das in vielen Fällen so stimmen. Und bei wiederholten Kaufprozessen ist von einem in sich stimmigen Verhalten auszugehen.

Anders aber ist es, wenn disruptive, also völlig neue Elemente eine Rolle spielen. Die Einführung einer neuen Technologie, die Etablierung eines neuen Vertriebsweges oder auch ein gänzlich neues Finanzierungsmodell stellen tradierte Entscheidungen in Frage. Ganz konkret: Was bedeutet eine Abwrackprämie für die Kaufentscheidung privater Autokäufer? Das hat es zuvor nicht gegeben. Wie reagieren Konsumenten auf ein Mietmodell für Weißware im Haushalt?

In solchen Situationen, wenn es darum geht, die Motive zu verstehen, ist die sprachliche Abstraktion und Auseinandersetzung mit einer neuen Thematik noch immer nicht ersetzbar – die Marktforschung geht davon aus, dass dies auch so bleibt.

Wie lässt sich die Kundenzufriedenheit testen und messen?

Jeder redliche Kaufmann weiß, einen neuen Kunden zu gewinnen kostet siebenmal so viel wie das Halten eines vorhandenen Kunden. Im Mittelpunkt des Interesses der meisten Marketer steht jedoch immer die Neukundengewinnung. Wenn man ein neues Abo abschließt, bekommt man eine Jahresvignette, wenn man das Abo zehn Jahre hat, bekommt man nichts. Ist man seit Jahren Kunde bei einem Telekommunikationsunternehmen, hat man einen Tarif, der zehnmal so hoch ist wie der eines Neukunden. Das verärgert den Bestandskunden, und das Unternehmen wird ihn verlieren. Einige Unternehmen gehen hier bereits neue Wege.

Für Unternehmen, die verstanden haben, dass man sich um die Bestandskunden kümmern muss, liegt die Hauptmotivation von Kundenbefragungen genau hier. Ein wesentliches Element dabei ist die Churn-Prediction oder Churn-Prevention – also wie groß ist der Anteil derer, die mit großer Wahrscheinlichkeit nicht mehr die Produkte oder Dienstleistungen des Unternehmens kaufen werden, und wie kann diese Abwanderung verhindert werden?

NPS (Net Promoter Score)

Dieser Weiterempfehlungswert kann relativ einfach mit anderen Befunden in Vergleich gesetzt werden, weil er häufig eingesetzt wird und von der Abfrage her sehr einfach ist. Daher stehen Vergleichswerte zur Verfügung, der typische NPS pro Branche. Die Methode wurde von Fred Reichheld, Satmetrix Systems und Bain & Company entwickelt. Es gibt einen einzigen Wert in der Messung der Kundenzufriedenheit, der etwas über die Zukunft aussagt, und das ist der NPS. Darum ist der Wert so wertvoll und wichtig und wird in den meisten Kundenzufriedenheitsbefragungen eingesetzt.

Die Frage, die dazu gestellt wird, lautet: „Wie wahrscheinlich ist es, dass Sie das Unternehmen XY an Freunde und Bekannte weiterempfehlen würden?" Der Proband gibt seine Antwort auf einer Skala mit elf Punkten von 0 bis 10.

0 bedeutet unwahrscheinlich, 10 bedeutet äußerst wahrscheinlich. Es ist empirisch abgesichert, dass die Skalenpunkte 9 und 10 die aktiven Promotoren repräsentieren – also die, die das Produkt oder das Unternehmen wirklich aktiv weiterempfehlen. Die Skalenpunkte 7 und 8 stehen für die passiv Zufriedenen, die das Produkt konsumieren, sich aber weder positiv noch negativ darüber äußern, also keine dramatische Außenwirkung haben. Die Skalenpunkte 0 bis 6 sind die unzufriedenen Kunden, die ihre Unzufriedenheit auch kommunizieren.

Der NPS ist das Saldo aus den Promotoren abzüglich der Detraktoren, und dieser Wert sollte positiv sein. Die neutrale Mitte, also Kunden, die sich in den Skalenpunkten 7 und 8 finden, wird ausgelassen. Für das Unternehmen ist es natürlich gut, wenn es mehr Promotoren als Detraktoren hat. Die in einer umfassenden Metastudie errechnete Erkenntnis ist, dass ein positiver

NPS autochthones Wachstum anzeigt, weil die Promotoren dazu führen, dass die Marktanteile steigen, ohne dass etwa Zukäufe für Umsatzwachstum sorgen müssen. Der NPS bietet jedoch keine Hilfestellung an, warum das Ergebnis so ausfällt. Der Marktforscher muss über zusätzliche Fragen herausfinden, warum Kunden zufrieden oder auch unzufrieden sind.

Kundenbefragungen eignen sich ausgezeichnet dafür, das Unternehmensangebot zu optimieren, und sollten regelmäßig durchgeführt werden. Man braucht dazu keine dramatisch großen Fallzahlen, wenn nicht auch spezifische einzelne Kundenuntergruppen betrachtet werden müssen.

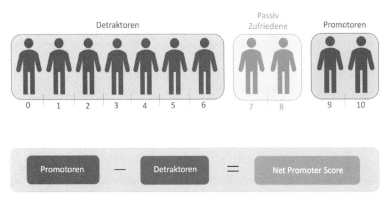

Quelle: meinungsraum.at Online MarktforschungsgmbH,
Quelle der Figuren: Microsoft Word Symbole

Warum sollte man die Mitarbeiter befragen?

Mit 360-Grad-Befragungen, also Befragungen mit allen Stakeholdern, werden innerbetriebliche Kommunikations- und Entscheidungsprozesse sowie Erwartungen der Mitarbeiter und des Managements hinterfragt. Die Mitarbeiterbefragung ist in den letzten Jahren zunehmend zu einem Instrument der Unternehmensführung geworden. Es geht nicht nur darum, wie zufrieden jemand mit seinem Arbeitsplatz oder seinen Arbeitszeiten ist oder ob er gerne einen neuen Computer hätte. Es geht hin zur Erfassung wechselseitiger Erwartungshaltungen und deren Erfüllung, damit man allfällige Kommunikationsdefizite im Unternehmen erkennen und dementsprechend reagieren kann. Dadurch kann die Mitarbeiterloyalität erhöht werden – in Zeiten des Facharbeitermangels und des viel beschriebenen „*War for talents*" ein wesentlicher Faktor für erfolgreiche Unternehmensführung.

Wie ehrlich die Mitarbeiter dabei antworten, hängt im Wesentlichen davon ab, wie glaubwürdig man unternehmensintern kommunizieren kann, dass die Befragung der Verbesserung dienen soll und nicht dazu, unliebsame Querulanten zu eliminieren. Die Steuerung der Befragung sollte so wenig wie möglich mit unternehmensinternen Ressourcen erfolgen sondern an ein unabhängiges, neutrales Institut abgegeben werden. Die Neutralität ist extrem wichtig, denn die Glaubwürdigkeit des ehrlichen Interesses steht hier im Mittelpunkt.

ZU DEN AUTOREN

Felix Josef
ist seit 1981 Geschäftsführer von Tricon-
sult. Die Lust an neuen Verfahren und
Methoden sowie die Möglichkeiten des Internet und die
Chancen der mobilen Nutzung, Messen und Big Data
sind seine Schwerpunkte. Sein Wissen vermittelt er u. a.
im Rahmen von Lehraufträgen.

Herbert Kling
ist seit 1994 in der Marktforschung tätig.
2007 erfolgte die Gründung des Insti-
tutes meinungsraum.at. Den Schatz, den das Internet und
die Digitalisierung bieten, zu heben, ist sein beruflicher
Schwerpunkt. Die Entwicklung neuer Untersuchungs-
methoden sowie Innovationen bei bereits bestehenden
Verfahren zeichnen seine Tätigkeit aus.

© privat.

Christina Matzka
greift bereits auf dreißig Jahre Erfahrung in der Markt- und Meinungsforschung zurück. Zuerst bei OGM, wechselte Sie 2009 zum damals jungen Online-Marktforscher meinungsraum.at und brachte mit ihrer Expertise in den Bereichen politische und gesellschaftspolitische Meinungsforschung und qualitative Marktforschung neue Aspekte ein. Mit EthnOpinion zählt Christina Matzka zu den erfahrensten MarktforscherInnen im Bereich der Migrantenmarktforschung. Außerdem kennt man Christina Matzka als Politexpertin aus den Medien. Weiters unterrichtet sie seit acht Jahren am Publizistik-Institut der Universität Wien; zahlreiche Vorträge und Veröffentlichungen.

ANLEITUNG ZUM
KUNDEN-DIALOG

Überraschende Erkenntnisse

Dialog-Marketing

Der Protagonist Andreas Holzinger steht den alltäglichen Herausforderungen eines Marketingleiters im Wandel der Zeit gegenüber. Die Kommunikation wird zusehends datenbasiert und damit schneller und individualisierter. Was jahrelang im Direct Marketing gepredigt wurde – die richtigen Angebote zum richtigen Zeitpunkt an die richtige Person zu kommunizieren –, ist erst jetzt Tatsache geworden. Diese Möglichkeiten bringen aber auch den offenen Rückkanal der Konsumenten mit sich. Kurz: der ideale Stoff für eine fröhliche wie auch böse Satire mit dem Tiefgang und dem Lernwert eines Fachbuches.

Jürgen Polterauer
Andreas Holzinger
und das Geheimnis des Marketings
248 Seiten I geb. I 15 x 21 cm I ISBN 978-3-902900-96-8 I € 19,80